I0538465

BESTACTIVITYBOOKS.COM

Illustrazione Grafica Extra: www.freepik.com
Grazie a Alekksall, Starline, Pch.vector, Rawpixel.com, Vectorpocket, Dgim-studio, Upklyak, Macrovector, Stockgiu, Pikisuperstar & Freepik.com Designers

Scoprire i Giochi Gratuiti Online

Disponibile Qui:

BestActivityBooks.com/FREEGAMES

5 CONSIGLI PER INIZIARE

1) COME RISOLVERE LE PAROLE INTRECCIATTE

I puzzle hanno un formato classico:

- Le parole sono nascoste senza spazi o trattini,...
- Orientamento: Le parole possono essere scritte in avanti, indietro, verso l'alto, verso il basso o in diagonale (possono essere invertite).
- Le parole possono sovrapporsi o intersecarsi.

2) APPRENDIMENTO ATTIVO

Accanto ad ogni parola c'è uno spazio per scrivere la traduzione. Per incoraggiare l'apprendimento attivo, un **DIZIONARIO** alla fine di questa edizione vi permetterà di controllare e ampliare le vostre conoscenze. Cerca e scrivi le traduzioni, trovale nel puzzle e aggiungile al tuo vocabolario!

3) SEGNARE LE PAROLE

Puoi inventare il tuo sistema di segni. Forse ne usi già uno? Per esempio, puoi segnare le parole difficili da trovare con una croce, le parole preferite con una stella, le parole nuove con un triangolo, le parole rare con un diamante, e così via.

4) STRUTTURARE L'APPRENDIMENTO

Questa edizione offre un **TACCUINO** alla fine del libro. In vacanza, in viaggio o a casa, puoi organizzare facilmente le tue nuove conoscenze senza bisogno di un secondo quaderno!

5) AVETE FINITO TUTTE LE GRIGLIE?

Nelle ultime pagine di questo libro, nella sezione della **SFIDA FINALE**, troverete un gioco gratuito!

Facile e veloce! Dai un'occhiata alla nostra collezione di libri di attività per il tuo prossimo momento di divertimento e **apprendimento,** a portata di clic!

Trova la tua prossima sfida su:

BestActivityBooks.com/MioProssimoLibro

Ai vostri posti, pronti...Via!

Sapevi che ci sono circa 7.000 lingue diverse nel mondo? Le parole sono preziose.

Amiamo le lingue e abbiamo lavorato duramente per creare libri di altissima qualità. I nostri ingredienti?

Una selezione di argomenti adatti all'apprendimento, tre buone porzioni di intrattenimento, una cucchiaiata di parole difficili e una spolverata di parole rare. Li serviamo con amore e entusiasmo in modo che tu possa risolvere i migliori giochi di parole e divertirti imparando!

La vostra opinione è essenziale. Puoi partecipare attivamente al successo di questo libro lasciandoci un commento. Ci piacerebbe sapere cosa ti è piaciuto di più di questa edizione.

Ecco un link veloce alla pagina dell'ordine:

BestBooksActivity.com/Recensione50

Grazie per il vostro aiuto e buon divertimento!

Tutta la squadra

1 - Scacchi

```
A  E  G  A  I  Z  P  B  M  I  R  M  G  D
K  S  I  R  Z  O  U  T  A  R  K  Ä  J  I
O  U  J  Z  K  U  N  I  N  G  A  N  N  A
R  N  N  B  N  R  K  M  Ä  N  G  G  H  G
V  P  D  I  P  P  T  U  F  W  D  I  W  O
V  A  U  I  N  V  I  S  Q  O  P  J  M  N
A  S  L  N  P  G  D  T  H  P  H  A  J  A
S  S  T  G  P  M  A  A  L  G  S  D  Z  A
T  I  Q  D  E  E  G  S  W  E  H  L  U  L
A  I  Z  J  P  I  V  Õ  I  S  T  L  U  S
N  V  P  K  U  S  T  U  R  N  I  I  R  G
E  N  B  O  S  T  R  A  T  E  E  G  I  A
C  E  O  H  V  E  R  E  E  G  L  I  D  L
L  N  Y  F  V  R  O  Z  H  E  T  L  J  B
```

VASTANE	PASSIIVNE
VALGE	PUNKTID
MEISTER	KUNINGAS
VÕISTLUS	KUNINGANNA
DIAGONAAL	REEGLID
MÄNGIJA	OHVER
MÄNG	STRATEEGIA
TARK	AEG
MUST	TURNIIR

2 - Aggettivi #2

```
M Y C Y T A V A L I N E F N
I E I A F Z W Z H I T N S Ä
C M Q V L O O D U S L I K L
V A S T U T A V V P E K S J
I G O B A C R I I Z U J Y A
C U O E U U U S T R D H B N
R S L V T T E G A D M C A E
G F A D E K M S V O K E D S
U E N G N B P S K U U L U S
K H E C T K I R J E L D A V
U C K B N T U G E V A W Z Y
I C M E E L E G A N T N E F
V I D R A M A A T I L I N E
P R O D U K T I I V N E Q E
```

NÄLJANE
KUIV
AUTENTNE
KIRJELDAV
MAGUS
DRAMAATILINE
ELEGANTNE
KUULUS
TUGEV

HUVITAV
LOODUSLIK
TAVALINE
UUS
UHKE
PRODUKTIIVNE
PUHAS
VASTUTAV
SOOLANE

3 - Mobili

```
P  H  F  T  C  V  K  A  R  D  I  N  A  D
P  A  H  H  E  I  Õ  V  H  P  D  W  H  A
V  K  D  O  K  R  U  R  J  F  Q  D  C  K
B  Q  H  J  W  F  I  I  K  P  F  D  R  A
P  P  D  R  A  Q  J  P  M  K  P  I  N  K
K  A  Y  F  B  D  U  S  A  M  I  K  L  T
A  L  D  I  I  V  A  N  D  G  L  I  C  U
Q  A  Z  I  M  I  M  R  R  O  Z  S  K  G
F  U  T  O  N  D  V  O  A  V  A  I  P  I
D  D  V  C  K  F  C  B  T  O  O  L  H  T
V  R  O  K  W  P  T  Z  S  N  P  A  R  O
E  Z  O  P  E  E  G  E  L  N  R  M  B  O
R  H  D  R  I  I  U  L  I  D  U  P  L  L
G  A  I  C  B  A  R  M  O  I  R  E  E  M
```

VÕRKKIIK	PINK
ARMOIRE	TUGITOOL
PADJAD	RIIULID
PADI	LAUD
DIIVAN	TOOL
FUTON	PEEGEL
LAMP	VAIP
VOODI	KARDINAD
MADRATS	

4 - Pesca

```
V A R U S T U S O W R L W K
U Q D D T R O L E O R W G J
T F O N K A D F A I K O R V
E E O K J A A Q G J Õ E T K
Q I R S Q T Z M E P K W A U
K J Ä R V U Z O M K A A L N
O R E L N I K O K K L A Z J
N C A A M M Q V Y S Ö Ö T O
K K M N K E L Õ P U S E D K
S Q N J D D H O O A E G V V
K A N N A T L I K K U S T E
K P P L Õ U A L U U Z J Y S
P R J L I I A L D U S U S I
K N L I E F L M N R Y A G E
```

VESI
VARUSTUS
PAAT
LÕPUSED
KORV
KOKK
LIIALDUS
SÖÖT
TRAAT
JÕE

KONKS
JÄRV
LÕUALUU
OOKEAN
KANNATLIKKUST
KAAL
UIMED
RAND
HOOAEG

5 - Aggettivi #1

```
A E F Q A A R O M A A T N E
S E K C F K R A S K E W W T
U O G S P Y T O K C L M L N
U G C L O P F I M V O C K T
R Õ P J A O G P I A U S A Ä
C H I D E N T N E V F K A I
Z U K L J S E I E V N H S U
P K K S Õ N N E L I K E A S
P E B T I G O O P I T L E L
K U N S T I L I N E N D G I
T Ä H T I S Ü G A V B E N K
V Ä Ä R T U S L I K O A E U
Y O L I A B S O L U U T N E
Z G C L O R W O H N O O R Y
```

AROMAATNE
KUNSTILINE
ABSOLUUTNE
AKTIIVNE
EKSOOTILINE
ÕNNELIK
HELDE
NOOR
SUUR
IDENTNE

TÄHTIS
AEGLANE
PIKK
KAASAEGNE
AUS
TÄIUSLIK
RASKE
VÄÄRTUSLIK
SÜGAV
ÕHUKE

6 - Geologia

```
S O O L P E K A L T S I U M
K O R A L L R R M M S V N R
O E E L A A F O S S I I L B
O M E V T U V H S L C L S S
B I S Z O N V A U I V G T F
A N M T O C A C B C O N D K
S E A V A K I H T R C O C O
K R A U R L D N S M F U N N
V A V L M B A G E I S E R T
A A Ä K R F L K C H A P E I
R L R A K A I I T G E L S N
T I I A G E N V F I U P M E
S D N N T U B I D U I M Q N
K R I S T A L L I D Z T H T
```

HAPE

PLATOO

KALTSIUM

KOOBAS

KONTINENT

KORALL

KRISTALLID

EROSIOON

FOSSIIL

GEISER

LAVA

MINERAALID

KIVI

KVARTS

SOOL

STALAKTIIT

KIHT

MAAVÄRIN

VULKAAN

7 - Campeggio

```
M  Ä  G  I  C  B  C  C  K  D  C  P  E  E
J  M  Ü  T  S  K  Z  Z  Ö  B  U  U  T  L
K  A  N  U  U  O  U  O  I  A  D  T  U  O
S  S  H  T  D  M  Y  U  S  J  B  U  L  O
A  E  C  T  J  P  E  M  E  T  S  K  E  D
L  I  E  L  W  A  T  E  L  K  W  A  K  U
O  K  R  O  N  S  D  K  I  W  R  S  A  S
N  L  B  O  G  S  P  U  U  D  Q  J  H  U
G  U  K  M  C  L  B  R  O  C  F  U  J  I
I  S  N  A  B  L  L  L  K  Q  J  A  U  L
J  Z  Q  D  A  H  V  Õ  R  K  K  I  I  K
J  Ä  R  V  M  R  H  B  A  P  R  O  B  G
N  J  N  M  G  M  T  U  Q  N  Z  S  I  B
D  T  B  I  E  T  Y  C  S  C  I  O  U  S
```

PUUD	LÕBU
VÕRKKIIK	METS
LOOMAD	TULEKAHJU
SEIKLUS	PUTUKAS
KOMPASS	JÄRV
SALONGI	KUU
JAHT	KAART
KANUU	MÄGI
MÜTS	LOODUS
KÕIS	TELK

8 - Arti Visive

```
S  K  U  L  P  T  U  U  R  Q  G  U  T  E
T  I  P  O  R  T  R  E  E  E  Z  J  Y  O
R  K  A  L  F  M  P  Z  S  V  M  L  B  N
K  A  Z  G  I  E  D  U  Ü  S  F  O  T  O
E  R  E  G  L  I  V  G  S  E  A  O  P  K
R  H  I  P  M  S  A  C  I  Q  A  V  H  U
A  I  K  I  F  T  H  T  D  N  L  U  I  N
A  T  M  B  T  R  A  G  S  J  D  S  P  S
M  E  A  U  Q  I  M  O  L  B  E  R  T  T
I  K  A  N  K  T  K  O  O  S  T  I  S  N
K  T  L  Z  Q  E  Š  A  B  L  O  O  N  I
A  U  I  Z  T  O  L  A  K  K  Q  E  U  K
Q  U  J  C  T  S  W  S  T  L  G  E  Z  Q
H  R  P  E  R  S  P  E  K  T  I  I  V  U
```

ARHITEKTUUR
SAVI
KUNSTNIK
MEISTRITEOS
SÜSI
MOLBERT
VAHA
KERAAMIKA
KOOSTIS
LOOVUS

FILM
FOTO
KRIIT
PLIIATS
MAALI
PERSPEKTIIV
PORTREE
SKULPTUUR
ŠABLOON
LAKK

9 - Esplorazione

```
M A A S T I K V M T M I E K
T Ä O M O V E P K E N P M H
C E Ä V Ä S I M U S K J K U
E U G R T U N D M A T U U S
D O H E A K E E L Z W L L S
R H N I V M S P E G L G T F
I U C B A U I Õ I G R U U G
K D U G S L S N A B I S U A
K E R M T O L E E F D Q R K
C O H L U O N V P Y N Y I T
N T I E S M H U B K F C D E
O E G Y A A M S O H T L I K
Y M W Y K D P K M E T S I K
R E I S I M I N E N A G T G
```

LOOMAD
TEGEVUS
JULGUS
KULTUURID
MÄÄRAMINE
PÕNEVUS
VÄSIMUS
KEEL
UUS

OHUD
OHTLIK
TUNDMATU
AVASTUS
METSIK
RUUM
MAASTIK
REISIMINE

10 - Tempo

```
H  O  U  Y  S  O  H  Z  S  K  T  A  Y  G
B  O  Z  I  Y  V  A  R  S  T  I  Z  Q  K
O  Q  M  M  I  N  U  T  P  Ä  R  A  S  T
L  I  N  M  F  V  R  J  N  U  K  U  U  U
K  N  Z  U  I  K  E  L  L  A  A  Ü  F  T
R  L  P  A  S  K  N  A  Z  Q  A  M  U  D
V  M  Ä  U  T  A  N  W  V  P  A  N  M  K
E  H  E  O  U  L  E  Y  D  Z  S  E  E  E
P  I  V  M  L  E  E  H  C  U  T  N  A  S
T  K  L  P  E  N  Ö  K  N  J  A  D  Y  K
M  U  B  E  V  D  Ö  Z  Ä  D  N  A  N  P
I  S  N  U  I  E  T  E  D  Q  E  B  T  Ä
F  T  V  D  K  R  M  P  A  A  S  T  A  E
S  A  J  A  N  D  V  U  L  M  F  G  U  V
```

AASTA	KESKPÄEV
AASTANE	MINUT
KALENDER	ÖÖ
KÜMNEND	TÄNA
PÄRAST	TUND
TULEVIK	KELL
PÄEV	VARSTI
EILE	ENNE
HOMMIK	SAJAND
KUU	NÄDAL

11 - Astronomia

```
T  P  L  A  N  E  E  T  O  S  H  W  G  K
R  E  Ö  T  Q  T  J  K  S  U  O  I  A  O
Q  H  L  Ö  L  C  R  Q  T  P  Y  T  L  S
Q  P  H  E  R  U  Y  D  Ä  E  B  A  A  M
E  N  C  O  S  I  C  D  H  R  A  E  K  O
M  V  U  L  O  K  P  F  E  N  S  V  T  S
E  A  F  K  Y  U  O  Ä  L  O  T  A  I  T
T  R  A  S  K  U  S  O  E  O  E  S  K  Ä
E  K  I  I  R  G  U  S  P  V  R  H  A  H
O  U  D  U  K  O  G  U  A  A  O  Q  Q  T
O  O  S  Z  M  Z  S  N  N  P  I  M  D  K
R  R  A  K  E  T  T  K  U  C  D  G  R  U
Y  W  K  Y  A  S  T  R  O  N  O  O  M  J
A  S  T  R  O  N  A  U  T  D  F  A  M  U
```

ASTEROID	METEOOR
ASTRONAUT	UDUKOGU
ASTRONOOM	TÄHELEPANU
TAEVAS	PLANEET
KOSMOS	KIIRGUS
TÄHTKUJU	RAKETT
PÖÖRIPÄEV	SUPERNOOVA
GALAKTIKA	TELESKOOP
RASKUS	MAA
KUU	

12 - Circo

```
L  Z  E  J  T  A  M  R  T  R  I  K  K  M
P  E  L  U  O  H  D  V  K  G  F  S  Y  U
S  T  E  G  A  V  L  T  U  G  U  I  D  U
V  K  V  G  A  K  R  O  B  A  A  T  P  S
P  E  A  L  T  V  A  A  T  A  J  A  I  I
Z  F  N  E  Õ  V  K  L  O  U  N  M  L  K
T  Y  T  R  W  V  K  P  M  J  Ä  A  E  A
A  L  C  D  Q  N  I  U  A  L  I  A  T  L
A  A  Y  T  I  I  G  E  R  R  T  G  P  O
W  R  I  Y  B  S  D  V  J  H  A  I  O  O
T  I  Õ  H  U  P  A  L  L  I  D  A  S  M
S  E  T  N  V  I  U  K  O  M  M  I  D  A
R  Z  L  K  B  F  J  B  E  F  Y  Y  C  D
G  U  O  K  O  S  T  Ü  Ü  M  Y  K  Z  E
```

AKROBAAT	NÄITA
LOOMAD	MUUSIKA
PILET	ÕHUPALLID
KOMMID	PARAAD
KLOUN	AHV
KOSTÜÜM	PEALTVAATAJA
ELEVANT	TELK
JUGGLER	TIIGER
LÕVI	TRIKK
MAAGIA	

13 - Mitologia

S	Õ	D	A	L	A	N	E	F	R	V	A	Y	K
K	O	L	E	N	D	Z	D	D	K	Ä	R	D	A
K	U	Y	W	K	I	T	L	F	A	L	M	S	N
K	Ä	L	A	B	Ü	R	I	N	T	K	U	U	G
O	A	I	T	R	L	K	Õ	U	A	J	K	R	E
L	P	B	T	U	G	E	V	U	S	U	A	E	L
E	L	N	J	U	U	D	I	E	T	M	D	M	A
T	S	O	P	B	M	R	T	C	R	A	E	A	N
I	U	L	O	L	V	I	G	Z	O	L	D	T	E
S	R	E	V	M	A	T	N	B	O	U	U	U	H
V	E	G	Y	J	I	U	G	E	F	S	S	S	V
P	L	E	W	U	L	N	F	W	D	E	S	U	Q
I	I	N	F	U	V	W	E	K	C	D	P	F	B
O	K	D	M	A	A	G	I	L	I	N	E	S	P

KÄITUMINE

OLEND

LOOMINE

KULTUUR

KATASTROOF

JUMALUSED

KANGELANE

TUGEVUS

VÄLK

ARMUKADEDUS

SÕDALANE

SUREMATUS

LABÜRINT

LEGEND

MAAGILINE

SURELIK

KOLETIS

KÕU

14 - Piante

```
B  F  L  J  O  W  E  P  F  A  C  W  B  N
O  H  L  F  L  O  O  R  A  M  K  V  A  M
T  S  E  P  U  U  B  M  F  R  A  C  M  P
A  L  P  F  U  G  F  E  U  G  K  M  B  U
A  A  E  D  D  W  M  T  W  R  T  A  U  N
N  A  V  Ä  E  T  I  S  U  H  U  R  S  W
I  H  U  W  R  U  J  C  Q  K  S  I  U  S
K  J  P  I  O  K  A  S  V  A  M  A  G  P
A  U  C  C  H  P  Õ  Õ  S  A  S  K  N  E
P  U  U  L  I  L  L  E  H  E  S  T  I  K
I  R  I  B  T  A  I  M  E  S  T  I  K  R
Q  M  B  Q  A  S  A  M  M  A  L  T  O  Z
K  R  O  O  N  L  E  H  T  C  Y  F  K  N
P  C  K  S  H  L  S  P  C  S  F  E  M  P
```

PUU	VÄETIS
MARI	LILL
BAMBUS	FLOORA
BOTAANIKA	LEHESTIK
KAKTUS	METS
PÕÕSAS	AED
KASVAMA	SAMMAL
LUUDEROHI	KROONLEHT
MURU	JUUR
UBA	TAIMESTIK

15 - Spezie

```
E M K I B E J A S S U K K P
Z U A A S T C J B J R Ü U S
S S N P O Y U Q M G J Ü R I
K K E T O L A G R I T S K B
E A E E L O V A N I L L U U
Y A L E K Ö Ö M N E D A M L
K T N G Y G U A W H L U H S
A P I I M V O G P H R K W A
R Ä N T I S U U P K W Y P F
D H G I L S H S G I A U S R
E K V L K G I M K E P R H A
M E E L P A P R I K A A R N
O L R O D K O R I A N D R I
N B K K E I W M D Y I A H H
```

KÜÜSLAUK
KIBE
ANIISI
KANEEL
KARDEMON
SIBUL
KORIANDRI
KÖÖMNED
KURKUM
KARRI

MAGUS
APTEEGITILL
LAGRITS
MUSKAATPÄHKEL
PAPRIKA
PIPAR
SOOL
VANILL
SAFRAN
INGVER

16 - Numeri

```
Z  N  Ü  K  A  H  E  K  S  A  S  A  Z  U
L  E  S  H  M  F  K  N  E  C  E  I  W  W
T  L  I  K  E  C  I  O  I  V  I  I  S  J
E  I  Q  K  A  K  D  J  T  D  T  G  V  B
N  T  V  A  F  K  S  W  S  Y  S  V  W  V
E  E  L  K  U  U  S  A  E  L  E  I  S  I
L  I  S  S  K  A  K  S  T  E  I  S  T  I
I  S  U  K  U  U  S  T  E  I  S  T  O  S
I  T  P  Ü  N  J  V  H  I  K  H  Z  G  T
Y  O  J  M  U  M  C  W  S  K  O  M  A  E
K  O  L  M  T  E  I  S  T  Ü  N  L  S  I
J  U  G  E  H  D  D  A  Y  M  U  S  M  S
Q  H  F  N  T  H  V  J  C  M  L  F  N  T
U  T  N  D  R  R  C  T  O  E  L  V  K  Y
```

VIIS	NELI
KOMA	VIISTEIST
SEITSETEIST	KUUSTEIST
KÜMME	KUUS
KAKSTEIST	SEITSE
KAKS	KOLM
ÜHEKSA	KOLMTEIST
KAHEKSA	KAKSKÜMMEND
NELITEIST	NULL

17 - Cioccolato

```
E  G  U  P  Z  L  A  M  W  I  Q  A  K  K
A  K  V  N  B  J  Y  A  M  A  K  N  O  Ä
H  R  S  L  Q  P  Z  A  A  P  V  T  O  S
R  P  O  O  D  H  U  P  I  L  A  I  K  I
R  C  Q  O  O  H  M  Ä  T  E  L  O  O  T
K  I  B  E  M  T  A  H  S  M  I  K  S  Ö
M  A  G  U  S  N  I  K  E  M  T  S  P  Ö
K  O  M  M  I  D  T  L  V  I  E  Ü  Ä  S
K  K  J  S  E  M  S  I  I  K  E  D  H  U
L  A  F  W  Q  L  E  D  E  N  T  A  K  H
U  I  K  P  U  L  B  E  R  V  E  N  E  K
C  I  Q  A  F  R  E  T  S  E  P  T  L  U
D  W  Q  W  O  K  A  R  A  M  E  L  L  R
K  K  H  J  Q  U  K  A  L  O  R  E  I  D
```

KIBE	MAGUS
ANTIOKSÜDANT	EKSOOTILINE
MAAPÄHKLID	MAITSE
AROOM	KOOKOSPÄHKEL
KÄSITÖÖ	PULBER
KAKAO	LEMMIK
KALOREID	KVALITEET
KOMMID	RETSEPT
KARAMELL	SUHKUR
MAITSEV	

18 - Guida

```
K N T E E O H T H O T W Y C
I L R S L T E S D H G K L L
I G A A S I U J R U A U T O
R P N J E T T Y C T R K U Õ
U O S J A W K S R U A A N N
S L P L S L S L E S A A N N
N I O V C T A J I N Ž R E E
P T R B R Q Q K F I T T L T
I S T K Ü T U S Ä Q K S Q U
D E K N B E T Q P I C L E S
U I A O U P O L E P J E U V
R D R D S M O O T O R A E S
I Q D W S I P H P Z S H B G
D M O O T O R R A T A S T H
```

AUTO
BUSS
KÜTUS
PIDURID
GARAAŽ
GAAS
ÕNNETUS
LITSENTS
KAART
MOOTORRATAS

MOOTOR
JALAKÄIJA
OHT
POLITSEI
OHUTUS
TEE
LIIKLUS
TRANSPORT
TUNNEL
KIIRUS

19 - Sport

```
G P E S A P A L L G P U P K
L K V M T T F Z F O O W U O
V I Õ G M A J G P Z L L O H
Õ J I Q E K A E I O A J F T
I Ä S K J A F D E S G A M U
M Ä T O U K Q O I P Ü L Ä N
L H L R J M Ä N G O M G N I
E O U V U T I P T R N R G K
M K S P M D D N R T A A I V
I I M A A Q H I E L A T J Õ
N D I L E G K S E A S A A I
E Z P L Y J C K N N I S V T
A C T E N N I S E E U A Q J
M E E S K O N D R D M A V A
```

TREENER	GOLF
KOHTUNIK	JÄÄHOKI
SPORTLANE	LIIKUMINE
PESAPALL	UJUMA
KORVPALL	GÜMNAASIUM
JALGRATAS	MEESKOND
VÕISTLUS	STAADION
VÕIMLEMINE	TENNIS
MÄNGIJA	VÕITJA
MÄNG	

20 - Giocattoli

```
F  T  T  R  U  M  M  I  D  L  P  Z  V  K
A  U  T  O  N  L  C  Q  P  E  U  Q  E  U
T  U  K  V  Ä  R  V  I  D  N  Z  C  O  J
O  S  M  J  U  P  A  A  T  N  Z  R  A  U
I  R  A  A  M  A  T  U  D  U  L  O  U  T
J  W  L  V  O  L  L  A  N  K  E  N  T  L
I  A  E  D  I  L  D  E  S  P  E  G  O  U
Y  U  L  U  H  C  T  T  M  Q  S  U  W  S
Z  S  F  G  L  H  E  A  Ä  M  T  L  L  V
L  O  H  E  R  A  G  F  N  C  I  R  S  Õ
T  M  N  S  O  A  S  B  G  O  T  K  I  I
O  M  K  K  B  C  T  N  U  K  K  O  N  M
T  R  E  D  O  O  V  A  D  B  P  G  U  E
K  O  N  E  T  N  K  Ä  S  I  T  Ö  Ö  O
```

LENNUK	MÄNGUD
LOHE	KUJUTLUSVÕIME
SAVI	RAAMATUD
KÄSITÖÖ	PALL
AUTO	LEMMIK
NUKK	PUZZLE
PAAT	ROBOT
TRUMMID	MALE
JALGRATAS	RONG
VEOAUTO	VÄRVID

21 - Strumenti di Cottura

```
K  A  V  V  V  K  K  M  C  V  S  P  S  T
Ä  U  L  P  E  A  R  A  M  S  Ö  C  E  T
Ä  N  R  U  E  H  O  H  A  J  Ö  Z  G  K
R  H  L  N  K  V  J  L  U  S  G  U  I  R
I  R  N  M  E  E  C  A  Q  P  I  W  S  W
D  I  R  B  E  L  E  P  R  A  R  M  T  N
Q  I  P  M  T  W  E  R  T  A  I  P  I  C
V  V  K  G  J  Z  J  E  S  T  I  R  W  B
S  P  Q  B  A  B  V  S  H  L  S  N  D  D
L  U  S  I  K  A  S  S  A  I  T  P  O  V
R  Ö  S  T  E  R  Y  N  U  G  A  L  Q  O
K  Ü  L  M  I  K  M  J  K  A  D  I  W  O
S  J  H  K  K  G  L  T  I  B  R  I  D  T
A  H  I  T  E  R  M  O  M  E  E  T  E  R
```

VEEKEETJA	SEGISTI
KURN	RIIV
NUGA	SÖÖGIRIISTAD
KAAS	SPAATLIGA
LUSIKAS	MAHLAPRESS
KÄÄRID	PLIIT
KAHVEL	TERMOMEETER
AHI	RÖSTER
KÜLMIK	

22 - Uccelli

```
H V Q Z P E B F H L I K K J
T A K H P E U D A Q B A U U
O R I E P Q L D N C F J L V
O B J G H Q C I I V M A L K
N L P Z U I D L K O T K A S
E A A J L R C C Ä A P A R U
K N A M U N A Z G E N S Y N
U E B S V A I D U F M I T O
R F U F L A M I N G O S H N
G T L P O N S T U U K A N S
Q Z I U A P I N G V I I N L
K A N A D R P A P A G O I U
I M D N I U T U V I T P N I
J A A N A L I N D E B S S K
```

HAIGUR
PART
KOTKAS
TOONEKURG
LUIK
KÄGU
KULL
FLAMINGO
KAJAKAS
HANI

PAPAGOI
VARBLANE
PAABULIND
PELIKANI
TUVI
PINGVIIN
KANA
JAANALIND
TUUKAN
MUNA

23 - Giorni e Mesi

```
L  Y  N  W  O  A  N  U  Q  Z  P  I  T  J
V  Y  B  S  K  K  T  N  I  O  Ü  N  E  A
P  Z  F  E  P  O  T  A  Z  A  H  K  I  A
E  G  O  H  R  L  O  O  U  W  A  V  S  N
S  H  O  F  S  M  O  D  O  P  P  E  I  U
M  W  N  Ä  D  A  L  N  W  B  Ä  E  P  A
A  A  S  T  A  P  R  I  L  L  E  B  Ä  R
S  U  J  K  N  Ä  G  R  A  U  V  R  E  C
P  H  G  U  Y  E  H  E  U  J  S  U  V  B
Ä  N  S  U  U  V  M  E  P  U  I  A  T  D
E  B  B  B  S  N  D  D  Ä  U  A  R  R  Y
V  T  N  M  J  T  I  E  E  L  D  D  H  Y
N  O  V  E  M  B  E  R  V  I  L  Z  H  H
D  E  T  S  E  M  B  E  R  E  F  I  R  N
```

AUGUST
AASTA
APRILL
DETSEMBER
PÜHAPÄEV
VEEBRUAR
JAANUAR
JUUNI
JUULI

ESMASPÄEV
TEISIPÄEV
KOLMAPÄEV
KUU
NOVEMBER
OKTOOBER
LAUPÄEV
NÄDAL
REEDE

24 - Casa

```
U  M  D  K  R  Y  D  O  D  V  U  F  R  R
V  K  Q  Y  S  B  U  P  U  S  C  W  V  A
K  P  S  W  W  H  L  T  Š  U  D  K  Q  A
K  M  E  A  K  E  N  R  Š  P  T  A  T  M
P  D  I  G  R  L  U  U  D  Õ  P  T  C  A
O  E  N  L  A  Y  K  V  H  R  P  U  C  T
H  T  E  G  A  R  A  A  Ž  A  Ö  S  W  U
U  D  V  G  N  G  M  I  L  N  Ö  B  D  K
K  Ö  Ö  K  E  I  I  P  A  D  N  L  S  O
L  O  T  D  T  L  N  Y  M  P  I  G  T  G
U  R  U  C  D  A  U  H  P  D  N  R  B  U
Q  G  B  S  H  A  B  S  W  F  G  E  N  T
W  T  A  R  A  E  M  Y  V  S  O  L  T  E
J  K  B  W  A  D  M  O  N  M  T  W  D  S
```

PÖÖNING	SEIN
RAAMATUKOGU	PÕRAND
TUBA	UKS
KAMIN	TARA
KÖÖK	KRAAN
DUŠŠ	LUUD
AKEN	LAGI
GARAAŽ	PEEGEL
AED	VAIP
LAMP	KATUS

25 - Ristorante #1

```
S  Ü  Ü  A  K  A  S  T  E  B  V  K  K  A
M  E  N  Ü  Ü  Ö  K  A  U  S  S  O  A  C
R  M  O  Y  I  R  Ö  E  S  Z  V  O  S  U
E  C  N  E  G  M  N  K  O  W  H  S  S  A
K  T  M  A  G  U  S  T  O  I  T  T  A  Y
V  O  T  J  W  I  B  S  L  L  J  I  S  N
Ü  D  H  E  D  P  J  S  C  E  U  S  T  U
R  T  D  V  K  L  I  H  A  I  O  O  V  G
T  T  H  B  C  A  G  U  U  B  I  S  K  A
S  O  L  I  A  A  N  W  W  S  Z  A  M  K
I  I  A  O  W  T  J  D  H  L  O  D  J  A
K  T  L  P  P  H  P  C  J  G  O  J  H  N
A  L  Q  J  C  N  B  Q  N  A  Y  Y  G  A
S  H  H  N  M  A  L  L  E  R  G  I  A  A
```

ALLERGIA
KOHV
ETTEKANDJA
LIHA
KASSAST
TOIT
KAUSS
NUGA
KÖÖK

MAGUSTOIT
KOOSTISOSAD
SÜÜA
MENÜÜ
LEIB
PLAAT
VÜRTSIKAS
KANA
KASTE

26 - Fantascienza

```
M  A  A  I  L  M  V  C  V  T  Ä  F  Z  F
T  U  L  E  K  A  H  J  U  E  Ä  U  A  A
Y  N  J  B  N  Q  H  K  R  V  R  T  A  N
R  O  B  O  T  I  D  J  E  S  M  U  T  T
G  A  L  A  K  T  I  K  A  A  U  R  O  A
K  W  A  K  P  D  Y  F  L  L  S  I  M  S
O  I  O  M  L  Ü  F  E  I  A  L  S  I  T
R  U  N  P  A  S  J  Y  S  P  I  T  Y  I
A  T  U  O  H  T  E  W  T  Ä  K  L  F  L
A  O  P  S  V  O  U  R  L  R  H  I  E  I
K  O  Y  Q  A  O  D  D  I  A  V  K  A  N
E  P  L  C  T  P  I  O  K  N  G  T  N  E
L  I  W  G  U  I  J  N  N  E  L  D  N  O
D  A  N  C  S  A  P  L  A  N  E  E  T  V
```

AATOMI
KINO
DÜSTOOPIA
PLAHVATUS
ÄÄRMUSLIK
FANTASTILINE
TULEKAHJU
FUTURISTLIK
GALAKTIKA

RAAMATUD
SALAPÄRANE
MAAILM
ORAAKEL
PLANEET
REALISTLIK
ROBOTID
UTOOPIA

27 - Città

```
F  S  R  A  V  O  S  H  M  M  H  P  U  L
M  K  A  R  M  T  T  L  O  W  L  F  H  E
K  I  A  A  P  U  A  W  T  T  S  M  P  N
O  N  M  A  R  R  A  G  S  U  E  G  Y  N
O  O  A  M  W  G  D  E  A  F  M  L  H  U
L  T  T  A  P  W  I  K  T  L  G  B  L  J
I  E  U  T  A  K  O  L  B  M  E  C  P  A
L  A  P  U  G  G  N  I  R  O  Q  R  R  A
L  T  O  K  A  Ü  L  I  K  O  O  L  I  M
E  E  O  O  R  S  N  N  U  W  Y  M  Q  I
P  R  D  G  I  V  M  I  A  P  T  E  E  K
O  A  H  U  T  T  Y  K  A  U  P  L  U  S
O  J  N  K  Ö  M  U  U  S  E  U  M  R  O
D  A  N  K  Ö  L  O  O  M  A  A  E  D  T
```

LENNUJAAM
PANK
RAAMATUKOGU
KINO
KLIINIK
APTEEK
LILLEPOOD
GALERII
HOTELL
RAAMATUPOOD

TURG
MUUSEUM
KAUPLUS
PAGARITÖÖ
KOOL
STAADION
TEATER
ÜLIKOOL
LOOMAAED

28 - Virtù #1

```
D  H  P  H  B  W  J  V  I  L  A  M  N  O
K  I  R  G  L  I  K  D  T  E  V  G  V  T
K  J  A  I  Y  C  P  F  S  P  Õ  Z  P  S
V  G  K  S  F  A  B  H  H  E  L  D  E  U
U  P  T  E  V  A  G  O  P  H  U  B  R  S
Z  A  I  S  Q  T  Õ  H  U  S  V  B  O  T
Y  T  L  E  S  Q  Y  H  S  B  K  A  E  A
Y  S  I  I  R  U  E  G  T  S  A  Q  H  V
H  I  N  S  K  U  N  S  T  I  L  I  N  E
F  E  E  E  P  U  H  A  S  M  C  P  T  I
F  N  A  V  T  N  A  L  J  A  K  A  S  Y
S  T  A  G  A  S  I  H  O  I  D  L  I  K
N  B  O  A  R  F  W  K  V  U  G  L  T  M
B  G  D  J  K  A  B  I  V  A  L  M  I  S
```

VÕLUV
KIRGLIK
KUNSTILINE
HEA
OTSUSTAV
NALJAKAS
TÕHUS
HELDE

ISESEISEV
TAGASIHOIDLIK
PATSIENT
PRAKTILINE
PUHAS
TARK
ABIVALMIS

29 - Compleanno

```
S  S  Õ  B  R  A  D  F  W  O  M  W  O  E
J  Ü  U  G  Y  E  H  A  Z  L  Z  J  A  L
K  O  N  U  C  G  W  G  P  J  K  O  O  K
Ü  I  T  D  R  Õ  Õ  M  S  A  U  S  Z  J
Ü  R  N  Q  I  E  P  Ä  E  V  T  L  G  R
N  D  D  G  O  N  P  I  D  U  S  A  O  E
L  Õ  B  U  I  A  Ü  E  G  E  U  F  Y
A  A  S  T  A  T  H  D  R  A  D  L  L  A
D  P  I  M  Y  C  U  N  I  A  P  H  Q  W
K  A  A  R  D  I  D  S  L  H  N  O  O  R
T  A  R  K  U  S  I  V  I  M  H  E  Y  N
U  V  C  U  K  A  L  E  N  D  E  R  W  S
R  E  P  Q  U  Õ  N  N  E  L  I  K  T  Y
L  J  K  V  R  W  R  H  D  P  P  O  J  H
```

SÕBRAD	PÄEV
AASTA	NOOR
KALENDER	SUUREPÄRANE
KÜÜNLAD	KUTSED
LAUL	SÜNDINUD
KAARDID	KINGITUS
PIDU	TARKUS
LÕBU	ERILINE
ÕNNELIK	AEG
RÕÕMSA	KOOK

30 - Fattoria #1

```
P  S  R  I  I  S  K  F  K  O  E  R  S  V
K  Õ  I  L  Y  P  I  T  A  R  A  U  E  O
V  V  L  G  S  Õ  T  J  N  R  T  U  E  C
I  Ä  A  L  A  L  S  K  A  R  J  A  M  S
A  E  B  Y  U  D  K  A  S  S  L  F  N  Y
D  T  T  N  Y  M  E  S  I  D  T  K  E  E
H  I  G  L  I  E  A  Q  L  C  J  F  D  E
O  S  P  S  B  S  D  J  G  W  V  H  Q  S
B  M  K  J  U  I  N  Q  A  P  Q  E  S  E
U  L  E  H  M  L  T  U  B  N  S  P  S  L
N  L  S  G  Y  A  P  U  H  U  D  J  A  I
E  C  A  Q  R  N  H  E  I  N  S  U  H  J
E  Y  E  T  J  E  Y  C  C  G  F  M  S  F
L  H  V  A  S  I  K  A  S  Y  A  T  Q  A
```

VESI	KASS
PÕLLUMAJANDUS	KARJA
MESILANE	SIGA
EESEL	MESI
PÕLD	LEHM
KOER	KANA
KITS	TARA
HOBUNE	RIIS
VÄETIS	SEEMNED
HEIN	VASIKAS

31 - Paesaggi

```
S T N Y K Z S N O J P N Q S
V L A Z B R B V O V I C C Y
N W G F K Õ R B K Z O Q P O
Z N Y L D T R O E S M D O C
V U P O O L S A A R Ä Ä F R
K V I K K K E A N B E P G G
M M K K W F L S J D T H I I
N J Ä Ä M Ä G I E M E R I W
N W G H Y P D T U N D R A T
J Õ E F K O O B A S O O F B
U N I Z D R R B L B T V W Z
G W S A A R U J Ä R V I B W
A H E O R G E S G P M E K S
L Y R V U L K A A N M J M P
```

JUGA	MERI
MÄE	MÄGI
KÕRB	OAAS
JÕE	OOKEAN
GEISER	SOO
LIUSTIK	POOLSAAR
KOOBAS	RAND
JÄÄMÄGI	TUNDRA
SAAR	ORG
JÄRV	VULKAAN

32 - Ristorante #2

```
K  G  S  S  U  P  P  D  J  O  O  K  E  K
A  E  A  M  S  O  O  L  Ä  M  L  D  E  O
H  V  L  U  A  J  Õ  E  Ä  K  V  Q  L  O
V  Ü  A  N  G  I  H  L  Õ  U  N  A  R  K
E  R  T  A  E  G  T  U  Y  P  T  W  O  V
L  T  H  D  J  R  U  S  T  U  T  O  A  J
K  S  A  J  Z  B  S  I  E  U  A  N  O  Q
V  I  A  O  J  K  Ö  K  C  V  E  K  N  L
E  D  Z  F  V  A  Ö  A  W  I  T  N  D  A
W  W  Q  V  Z  L  K  S  P  L  R  G  Q  Z
J  Q  P  P  E  A  U  E  V  J  H  S  R  L
K  Ö  Ö  G  I  V  I  L  J  A  D  W  J  F
D  Z  K  W  B  V  E  S  I  D  K  E  E  I
O  D  R  C  I  Y  K  P  C  S  H  N  P  L
```

VESI	SALAT
EELROA	SUPP
JOOK	KALA
KELNER	LÕUNA
ÕHTUSÖÖK	SOOL
LUSIKAS	TOOL
MAITSEV	VÜRTSID
KAHVEL	KOOK
PUUVILJAD	MUNAD
JÄÄ	KÖÖGIVILJAD

33 - Giardino

```
G A T A R A U Q L Z Z P U U
A F U I I C C G J M R J E T
R K M V I L J A P U U A E D
A Ü B K N K R O M L M S I M
A H R P U G G G E D V U H Q
Ž V O O L I K A Z V Õ V R P
L E H V E R A N D A R I K U
J L I B A T U U T W K I G C
O I P P I N K R E F K N N T
N L Õ R F C U E R D I A M K
C L Õ D R B J F R H I P S O
U G S V J E A A A F K U Q Z
P H A E D P H N S C J U G V
H J S M S A Y A S Y R Z B H
```

PUU
VÕRKKIIK
PÕÕSAS
MURU
UMBROHI
LILL
VILJAPUUAED
GARAAŽ
AED
KÜHVEL

PINK
VERANDA
REHA
TARA
TIIK
MULD
TERRASS
BATUUT
VOOLIK
VIINAPUU

34 - Frutta

```
U  B  S  N  N  A  I  N  K  S  M  W  B  Q
R  Q  P  I  R  N  A  V  O  K  A  A  D  O
O  E  L  T  D  Y  V  A  V  I  R  S  G  A
J  P  O  B  I  R  A  Z  U  R  I  L  O  P
N  V  O  G  U  V  U  N  M  S  Y  G  T  R
B  A  M  M  E  L  O  N  A  S  N  L  V  I
W  A  V  U  W  N  R  H  N  N  Õ  U  N  K
P  R  N  R  M  U  A  O  G  Z  A  H  F  O
A  I  J  A  Q  P  N  Q  O  J  Z  S  C  O
P  K  O  K  A  T  Ž  D  V  Q  V  L  S  S
A  A  C  A  L  N  C  C  Y  Q  P  C  I  S
I  S  E  S  N  E  K  T  A  R  I  I  N  S
A  K  I  I  V  I  U  W  I  V  E  M  J  T
O  V  H  U  I  V  I  R  S  I  K  K  V  J
```

APRIKOOS	MANGO
ANANASS	ÕUN
ORANŽ	MELON
AVOKAADO	MURAKAS
MARI	NEKTARIIN
BANAAN	PAPAIA
KIRSS	PIRN
KIIVI	VIRSIK
VAARIKAS	PLOOM
SIDRUN	

35 - Fattoria #2

```
S  M  A  I  S  K  W  Q  G  P  P  S  L  K
T  A  L  U  N  I  K  Q  Q  I  Y  A  U  I
P  U  U  V  I  L  J  A  D  I  P  Y  R  M
K  U  A  L  B  A  T  C  Q  M  A  S  L  T
A  A  I  T  B  M  L  O  O  M  A  D  A  N
R  N  I  I  T  B  L  J  C  T  A  Y  A  I
J  L  A  M  B  A  L  I  H  A  O  D  M  I
A  B  C  C  O  D  Z  A  A  Z  T  I  A  S
N  I  S  U  O  D  K  S  N  Z  N  H  T  U
E  K  S  B  F  Y  R  H  E  B  H  I  W  T
I  K  M  F  M  T  R  A  K  T  O  R  Y  U
H  V  I  L  J  A  P  U  U  A  E  D  N  S
A  M  E  S  I  T  A  R  U  E  M  R  A  B
G  W  M  R  A  M  Z  E  P  Z  W  R  D  C
```

LAMBALIHA	NIISUTUS
TALUNIK	LAAMA
MESITARU	PIIM
PART	MAIS
LOOMAD	HANE
TOIT	ODRA
AIT	KARJANE
PUUVILJAD	LAMBAD
VILJAPUUAED	NIIT
NISU	TRAKTOR

36 - Dinosauri

```
C  I  L  T  F  R  D  G  F  S  O  M  N  S
M  K  I  A  O  A  Z  R  O  O  M  A  J  A
A  A  H  I  S  P  Y  U  Y  E  N  S  U  B
M  D  A  M  S  T  Q  Q  T  V  I  Z  E  A
M  U  S  T  I  O  I  I  B  O  V  I  M  D
U  M  Ö  O  I  R  M  S  P  L  O  U  J  C
T  I  Ö  I  L  T  J  U  H  U  O  J  I  U
C  N  J  D  I  I  A  U  U  T  R  Q  W  P
V  E  A  U  D  I  I  R  O  S  G  H  T  W
Õ  S  W  L  G  V  O  K  T  I  G  P  O  N
I  T  J  I  U  A  T  S  A  O  M  B  H  S
M  Z  Y  N  K  D  P  I  W  O  Q  V  U  A
A  C  C  E  S  A  A  K  U  N  O  P  T  D
S  S  U  U  R  U  S  J  U  L  M  H  U  A
```

TIIVAD	VÕIMAS
LIHASÖÖJA	SAAK
SABA	RAPTOR
TOHUTU	ROOMAJA
TAIMTOIDULINE	KADUMINE
EVOLUTSIOON	LIIK
FOSSIILID	SUURUS
SUUR	MAA
MAMMUT	JULM
OMNIVOOR	

37 - Verdure

```
K  Ü  Ü  S  L  A  U  K  Y  H  D  F  Q  P
A  H  K  B  P  B  R  O  K  K  O  L  I  O
I  S  A  V  A  I  Q  S  D  G  S  U  N  R
T  H  R  U  T  K  N  A  E  R  I  S  G  G
O  E  T  J  S  A  L  A  T  M  B  G  V  A
M  R  U  B  E  E  Z  A  T  G  U  K  E  N
A  N  L  L  E  V  K  W  Ž  Y  L  I  R  D
T  E  V  A  N  G  Z  K  Š  A  L  O  T  T
W  S  E  L  L  E  R  F  Q  B  A  B  P  U
A  R  T  I  Š  O  K  K  B  E  P  N  U  N
K  P  E  T  E  R  S  E  L  L  S  G  F  J
O  U  K  Õ  R  V  I  T  S  I  K  W  C  R
N  F  R  E  D  I  S  I  M  R  L  Z  C  B
A  K  W  K  K  K  J  B  M  V  W  G  E  O
```

KÜÜSLAUK	HERNES
BROKKOLI	TOMAT
ARTIŠOKK	PETERSELL
PORGAND	NAERIS
KURK	REDIS
SIBUL	ŠALOTT
SEEN	SELLER
SALAT	SPINAT
BAKLAŽAAN	INGVER
KARTUL	KÕRVITS

38 - Scuola #2

```
U  K  Q  L  K  Õ  A  K  T  C  I  O  L  K
F  J  O  H  C  P  L  I  I  A  T  S  U  A
A  Y  I  A  B  E  H  R  T  J  B  L  G  L
M  K  R  R  B  T  W  J  D  S  O  Z  E  E
A  G  A  I  C  A  Q  A  K  U  I  C  M  N
T  R  A  D  T  J  Q  N  K  Ä  W  U  I  D
E  A  M  U  E  A  Q  D  C  I  Ä  Q  N  E
M  M  A  S  A  E  B  U  S  S  N  R  E  R
A  M  T  A  D  P  M  S  S  E  U  G  I  L
A  A  U  R  U  A  Ä  I  I  V  B  I  A  D
T  T  K  V  S  B  N  A  L  Z  R  R  H  D
I  I  O  U  B  E  G  Z  H  I  W  J  G  H
K  K  G  T  E  R  U  B  S  Q  N  M  D  N
A  A  U  I  F  O  D  Y  O  I  Z  E  H  Z
```

AKADEEMILINE
BUSS
RAAMATUKOGU
KALENDER
PABER
ARVUTI
HARIDUS
KÄÄRID
MÄNGUD

GRAMMATIKA
ÕPETAJA
KIRJANDUS
LUGEMINE
MATEMAATIKA
PLIIATS
KINGAD
TEADUS

39 - Gentilezza

```
N V K L Õ R N A W C P I K R
P A R W U R T U D G B T Ü P
I S O M C G B S J J H E L L
M Z O O P Q U V Y L B H A K
P C K I L L H P M E L T L A
A R M A S T A V I J H N I A
T H E L D E O A B D M E S S
S Õ B R A L I K M S A L L T
I L H O N U S W Y A H V A U
E V A S T U V Õ T L I K H N
N Õ N N E L I K O L F Y K D
T W K G I M C B U I G Q E L
M Õ I S T M I N E V G Q O I
U S A L D U S V Ä Ä R N E K
```

HELL	HELDE
USALDUSVÄÄRNE	EHTNE
SÕBRALIK	AUS
ARMASTAV	KÜLALISLAHKE
KAASTUNDLIK	PATSIENT
MÕISTMINE	VASTUVÕTLIK
ÕRN	LUGUPIDAV
ÕNNELIK	SALLIV

40 - Barbecue

```
K  K  F  S  U  V  I  M  L  P  P  R  Õ  F
W  K  Q  S  S  F  Z  W  R  E  U  B  H  B
Y  U  A  S  A  J  I  U  L  R  U  K  T  P
L  U  L  N  L  E  P  F  Õ  E  V  S  U  T
U  M  I  B  A  Y  O  D  U  K  I  I  S  Y
P  Z  O  W  T  P  T  F  N  O  L  B  Ö  I
M  U  U  S  I  K  A  O  A  N  J  U  Ö  B
Ä  K  A  S  D  E  C  U  M  D  A  L  K  S
N  N  U  T  O  I  T  N  O  A  D  W  T  S
G  Ä  F  T  I  O  G  K  Q  O  T  P  R  O
U  L  V  U  S  W  R  A  Q  C  O  I  W  O
D  G  T  W  V  E  I  S  W  F  V  P  D  L
G  N  B  Z  R  Y  L  T  Z  F  T  A  T  B
D  Z  K  I  Q  D  L  E  Q  D  U  R  G  H
```

KUUM	GRILL
ÕHTUSÖÖK	SALATID
TOIT	KUTSE
SIBUL	MUUSIKA
NOAD	PIPAR
SUVI	KANA
NÄLG	TOMATID
PEREKOND	LÕUNA
PUUVILJAD	SOOL
MÄNGUD	KASTE

41 - Riempire

```
U H G K K A S T I T A D D V
I K V P A K A S T V A C U A
O H P R U D H A T A A S Z A
F T Q S S D T L U N A O K S
C O K O T T E V E N U W O U
V R O B A Y L L Ä M B E R E
B U H P D Z M I C M E P V F
S U V N A W L E E S L U N Y
Z B E F P V N Q V S B Q Q W
F J R V Y M Y H N L D N D K
T J G H F O P G J T H J I S
J Ü M B R I K A R P A K E T
P J N T A R A T P N W L W S
F P D N G I Y C L A E V O W
```

TÜNN   PAKET
KOTT   KAST
PUDEL   ÄMBER
ÜMBRIK   TASKU
KAUSTA   TORU
KARP   KOHVER
KASTI   VANN
SAHTEL   VAAS
KORV   SALV
LAEV

42 - Insetti

```
O D M O P S D S O H M D S T
V A S T N E J T Q E S S H E
H B A B L C N A G R U K B R
L E H E T Ä I D E I S L C M
M E S I L A N E V L S I I I
R P P V A P S I K A Z B C I
O R M A N T I S O N W L A T
H U K G T K L B Z E Z I D A
U S Z I R R M A R D I K A S
T S C Z I S I P E L G A S S
I A V A N L O I C B V S Y Ä
R K I R B U E C N Z E I A Ä
T A I T V K A J P U Z I A S
S S B F P N C V C T C N F K
```

LEHETÄIDE	VASTNE
MESILANE	KIIL
VAPSIK	MANTIS
ROHUTIRTS	KIRBU
CICADA	PRUSSAKAS
LEPATRIINU	TERMIIT
MARDIKAS	USS
LIBLIKAS	HERILANE
SIPELGAS	SÄÄSK

43 - Erboristeria

```
A  R  K  J  Z  P  J  R  P  K  L  M  G  S
R  O  Ü  P  F  N  T  O  I  O  I  A  S  K
S  O  Ü  U  H  V  G  H  P  O  I  R  S  W
A  Q  S  I  I  R  M  E  A  S  V  J  I  A
F  G  L  M  B  B  K  L  R  T  A  O  P  P
R  O  A  L  A  E  D  I  M  I  T  R  E  T
A  T  U  A  S  R  W  N  Ü  S  E  A  T  E
N  V  K  V  I  P  I  E  N  O  E  M  E  E
P  U  N  E  I  G  T  I  T  S  Y  Y  R  G
L  H  L  N  L  K  J  M  N  A  F  R  S  I
N  I  V  D  I  K  V  A  L  I  T  E  E  T
N  Y  L  E  K  U  L  I  N  A  A  R  L  I
V  A  T  L  T  I  L  L  D  H  A  V  L  L
A  R  O  M  A  A  T  N  E  L  I  V  K  L
```

KÜÜSLAUK
TILL
AROMAATNE
BASIILIK
KULINAAR
APTEEGITILL
LILL
AED
KOOSTISOSA
LAVENDEL

MARJORAM
PIPARMÜNT
PUNE
PETERSELL
KVALITEET
ROSMARIIN
LIIVATEE
ROHELINE
SAFRAN

44 - Danza

```
A A R A R P E A P R O O V G
K G S P Ü Õ K U N S T T K M
A E L M T Y Õ N I O E N U U
D M H Z M O P M U U S I K A
E O P A O G F O S P B N P C
E T W R V M B S O A R O U E
M S E M D D H S I S J E L K
I I B U S S K G H F Y B T I
A O K U L T U U R I L I N E
B O Z J F P L I S D F V I K
L N V P A R T N E R V L U C
D O L I I K U M I N E V A N
V C J H E B U Y L F O Z M S
K O R E O G R A A F I A Q Z
```

AKADEEMIA
KUNST
PARTNER
KOREOGRAAFIA
KEHA
KULTUUR
KULTUURILINE
EMOTSIOON

RÕÕMSA
ARMU
LIIKUMINE
MUUSIKA
POOS
PEAPROOV
RÜTM

45 - Scuola #1

```
M  P  L  I  I  A  T  S  E  I  Z  P  R  O
L  A  U  D  B  Z  E  Y  U  T  Y  M  T  Õ
K  B  R  P  U  L  K  T  M  T  I  L  K  P
L  E  R  K  A  U  S  T  A  D  B  L  O  E
A  R  A  V  E  V  A  S  T  U  S  E  D  T
S  T  A  I  R  R  M  Y  E  L  Õ  B  U  A
S  Ä  M  K  A  O  I  V  M  Õ  B  E  O  J
I  H  A  T  A  K  D  D  A  U  R  E  T  A
R  E  T  O  M  O  U  S  A  N  A  U  D  D
U  S  U  R  A  Q  P  Q  T  A  D  P  Q  A
U  T  K  I  T  P  L  I  I  A  T  S  I  D
M  I  O  I  U  M  S  R  K  D  T  V  L  K
D  K  G  N  D  M  O  J  A  T  O  O  L  P
O  N  U  M  B  R  I  D  A  T  D  O  U  W
```

TÄHESTIK   MARKERID
SÕBRAD   MATEMAATIKA
KLASSIRUUM   PLIIATS
RAAMATUKOGU   NUMBRID
PABER   PLIIATSID
KAUSTAD   LÕUNA
LÕBU   VIKTORIIN
EKSAMID   VASTUSED
ÕPETAJA   LAUD
RAAMATUD   TOOL

46 - Fiori

```
U  H  R  O  O  S  T  T  L  T  C  L  D  P
N  I  E  Q  I  K  M  W  A  I  S  I  I  Q
I  B  T  G  K  P  Ä  E  V  A  L  I  L  L
M  I  J  A  R  J  F  L  E  K  R  L  M  G
A  S  A  R  O  B  T  Y  N  J  G  I  A  C
G  K  S  D  O  K  Z  Z  D  R  V  A  G  N
U  K  M  E  N  R  K  A  E  K  D  Y  N  Q
N  N  I  E  L  K  H  J  L  A  A  C  O  R
K  Z  I  N  E  K  R  I  S  T  I  K  O  A
J  L  N  I  H  H  I  J  D  J  S  I  L  W
I  Q  W  A  T  Q  R  M  S  E  Y  B  I  P
P  O  J  E  N  G  A  W  P  F  E  O  A  T
P  L  U  M  E  R  I  A  B  P  I  Z  K  W
N  A  R  T  S  I  S  S  U  A  S  V  R  K
```

GARDEENIA	KIMP
JASMIIN	NARTSISS
LIILIA	ORHIDEE
PÄEVALILL	UNIMAGUN
HIBISK	POJENG
LAVENDEL	KROONLEHT
LILLA	PLUMERIA
MAGNOOLIA	ROOS
DAISY	RISTIK

47 - Ecologia

```
G Z R K L E L F F N U F A W
L E E O O L O O D U S L I K
O L S G O L O T M P K O L W
B U S U D U M F A R P O L M
A P U K U J A Y T I Y R I M
A A R O S Ä S Q A P M A I E
L I S N U Ä T E I V Z E K R
N K S N N M I Z M I Y B D E
E L E A K I K T E F E O D H
I I U D O N J K S Q G B G J
E I W K O E E P T M A R S H
Q M B U F D Y T I I V Q H L
L A P C Y W C T K P Õ U D O
M I T M E K E S I S U S V M
```

KLIIMA
KOGUKONNAD
MITMEKESISUS
LOOMASTIK
FLOORA
GLOBAALNE
ELUPAIK
MERE
LOODUS

LOODUSLIK
MARSH
TAIMED
RESSURSSE
PÕUD
ELLUJÄÄMINE
LIIK
TAIMESTIK

48 - Discipline Scientifiche

```
I  A  B  G  Y  T  A  Z  P  A  S  P  H  P
M  S  I  E  M  O  N  Y  S  R  O  I  M  T
M  T  O  O  I  I  A  M  Ü  H  T  P  E  K
U  R  L  L  N  T  T  F  H  E  S  M  T  N
N  O  O  O  E  U  O  Ü  H  O  I  E  E  E
O  N  O  O  R  M  O  S  O  L  O  H  O  U
L  O  G  G  A  I  M  I  L  O  L  A  R  R
O  O  I  I  L  N  I  O  O  O  O  A  O  O
O  M  A  A  O  E  A  L  O  G  O  N  L  L
G  I  N  R  O  O  H  O  G  I  G  I  O  O
I  A  N  M  G  Z  E  O  I  A  I  K  O  O
A  L  Y  N  I  D  O  G  A  N  A  A  G  G
R  B  O  T  A  A  N  I  K  A  B  E  I  I
H  P  K  E  E  M  I  A  Q  U  I  B  A  A
```

ANATOOMIA	IMMUNOLOOGIA
ARHEOLOOGIA	MEHAANIKA
ASTRONOOMIA	METEOROLOOGIA
BIOLOOGIA	MINERALOOGIA
BOTAANIKA	NEUROLOOGIA
KEEMIA	TOITUMINE
FÜSIOLOOGIA	PSÜHHOLOOGIA
GEOLOOGIA	SOTSIOLOOGIA

49 - Scienza

```
L O L L Y P G K L I I M A U
E A V A A T L U S R P M A V
C U B T M I N E R A A L I D
D B Y O R G A N I S M M L V
H Y U T R M O L E K U L I D
Ü P K F J E D Z J U E F L M
P M F E V O L U T S I O O N
O S A K E S E D E Z O S O F
T K K A W M K A T S E S D Ü
E S T N A S I A N S R I U Ü
E I O D E T M L T Y A I S S
S G P M N Z O E I L N L Z I
A V R E B O N M O N R V U K
O M E D M E E T O D E U T A
```

AATOM
KEEMILINE
KLIIMA
ANDMED
KATSE
EVOLUTSIOON
FAKT
FÜÜSIKA
FOSSIIL
RASKUS

HÜPOTEES
LABOR
MEETOD
MINERAALID
MOLEKULID
LOODUS
ORGANISM
VAATLUS
OSAKESED

50 - Acqua

```
N N K T H A Ü B K G S E P L
I I F Ü Q G L O S E R E S A
I I P J L T E F A I E Y R I
S S A T U M U M U S S O O N
U K U Y M U J O R E K O F E
T E R W I U U R U R G K S D
U G K W A A T K S P R E U K
S E D U Š Š U A T M N A Z A
S N I I J A S A U J I N J N
G V G Z O Ä A N M T I E Õ A
S R O V O W R K I J S J E L
D W W B D Y D V N Ä K P F T
U Z H B A G S J E Ä U J C Z
V O T Q V I H M A M S J L Z
```

ÜLEUJUTUS
KANAL
DUŠŠ
AURUSTUMINE
JÕE
KÜLM
GEISER
JÄÄ
NIISUTUS
JÄRV

MUSSOON
LUMI
OOKEAN
LAINED
VIHMA
JOODAV
NIISKUS
NIISKE
ORKAAN
AUR

51 - Gatti

```
J A H I M E E S U K H J I C
M A G A M A Z L U E B M S H
H Ä B E L I K A D V L I I U
S I N Z N F W P I J N T K L
L L I S E S E I S E V M S L
H K A R U S N A H A N Ä U M
M E T S I K A Y I T P N S K
O R L W K Z L R M D G G A M
A K F L R U J Z U G Z U B N
E I G B V A A R L C C L A J
I I D N C L K V I G B I C U
I R O N W Õ A Ä K Ü N I S
D E M Z H N S H P A E E W Y
C N U J Q G W E W A Z U K T
```

HELL	HULL
KÜÜNIS	KARUSNAHA
JAHIMEES	ISIKSUS
SABA	VÄHE
UUDISHIMULIK	METSIK
NALJAKAS	HÄBELIK
MAGAMA	HIIR
LÕNG	KIIRE
MÄNGULINE	KÄPA
ISESEISEV	

52 - Surf

```
R  A  H  V  A  D  T  K  I  I  R  U  S  L
O  L  O  J  L  O  U  Ä  V  Z  Y  T  H  A
I  C  A  L  A  M  G  Ä  N  T  A  O  U  V
N  H  F  U  I  Y  E  R  B  K  J  Y  U  T
K  Õ  H  T  N  V  V  M  E  I  S  T  E  R
A  C  S  R  E  A  U  U  E  L  T  Y  J  O
R  M  V  P  G  H  S  S  V  M  Õ  L  A  O
I  W  H  F  O  T  C  L  Õ  B  U  T  L  K
S  H  D  O  I  R  T  I  E  J  C  V  W  E
D  T  S  G  J  A  T  K  N  B  K  K  Q  A
T  U  I  M  A  N  M  L  U  J  U  M  A  N
V  J  G  I  Q  D  A  Q  A  L  G  A  J  A
Q  K  Y  N  L  J  T  V  C  N  T  O  C  S
P  O  P  U  L  A  A  R  N  E  E  W  T  T
```

SPORTLANE	MÕLA
MEISTER	POPULAARNE
LÕBU	ALGAJA
ÄÄRMUSLIK	VAHT
RAHVAD	KARI
TUGEVUS	RAND
ILM	STIIL
UJUMA	KÕHT
OOKEAN	KIIRUS
LAINE	

53 - Imbarcazioni

```
G M E E S K O N D K J M P U
C O I C Ü C Z L W O E E A D
E O R J S R I G R S M R R L
Y T A V T M E R E D A I V J
B O U L A I N E D S D Q O K
P R A A M K J Õ E W R V U J
K Ö I S Y F A G A O U O R Ä
P N Q B G E H N V N S I Y R
M N O P O I T B U F K C E V
H A O O K E A N H U B U B V
B D S P U R J E K A S K R G
A U R T T Õ U S U L A I N E
W P W I P I Q B C Y O T D D
Z L P Q J V L V L E N G H O
```

MAST
ANKUR
PURJEKAS
POI
KANUU
KÖIS
MEESKOND
JÕE
SÜSTA
JÄRV

MERI
TÕUSULAINE
MADRUS
MOOTOR
MERED
OOKEAN
LAINED
PRAAM
JAHT
PARV

54 - Api

```
Ö  U  K  A  S  U  L  I  K  H  K  U  I  P
Q  K  I  T  G  V  Y  L  A  Z  U  T  D  L
B  Y  O  G  N  I  A  O  T  D  N  D  T  S
G  L  G  S  G  E  L  U  P  A  I  K  I  E
P  B  V  I  Ü  A  T  O  I  T  N  Z  I  T
S  Ü  L  E  M  S  E  E  P  H  G  E  V  A
U  S  I  S  J  S  T  D  Y  V  A  H  A  I
U  T  L  J  U  L  E  E  S  L  N  T  D  M
M  K  L  P  Ä  I  K  E  E  Z  N  A  Õ  E
E  V  E  Õ  I  E  T  O  L  M  A  R  I  D
S  M  D  K  Y  M  V  S  W  C  E  U  S  C
I  S  P  U  T  U  K  A  S  Y  G  W  S  N
P  U  U  V  I  L  J  A  D  J  M  R  I  U
M  I  T  M  E  K  E  S  I  S  U  S  L  U
```

TIIVAD	SUITS
TARU	AED
KASULIK	ELUPAIK
VAHA	PUTUKAS
TOIT	MESI
MITMEKESISUS	TAIMED
ÖKOSÜSTEEM	ÕIETOLM
LILLED	KUNINGANNA
ÕIS	SÜLEM
PUUVILJAD	PÄIKE

55 - Strumenti Musicali

```
E  T  T  A  M  B  U  R  I  I  N  T  A  U
O  R  R  O  B  O  E  K  L  A  R  N  E  T
B  O  O  R  L  Ö  Ö  K  P  I  L  L  I  D
A  M  M  R  A  V  Q  M  S  D  O  U  J  C
N  P  B  E  V  A  T  R  U  M  M  L  F  L
J  E  O  L  S  L  V  I  I  U  L  E  G  I
O  T  O  O  A  O  F  L  Ö  Ö  T  U  H  U
B  V  N  K  K  P  M  A  R  I  M  B  A  Z
R  O  Z  A  S  K  K  I  G  K  I  W  R  T
M  A  N  D  O  L  I  I  N  O  M  C  F  Š
G  O  N  G  F  A  T  H  W  Q  T  I  K  E
M  E  N  K  O  V  A  F  L  Y  F  T  M  L
V  F  I  O  N  E  R  S  U  U  P  I  L  L
S  P  R  A  J  R  R  Z  M  K  I  Q  Y  O
```

SUUPILL	OBOE
HARF	LÖÖKPILLID
BANJO	KLAVER
KITARR	SAKSOFON
KLARNET	TAMBURIIN
FAGOTT	TRUMM
FLÖÖT	TROMPET
GONG	TROMBOON
MANDOLIIN	VIIUL
MARIMBA	TŠELLO

56 - Professioni #2

```
A  O  R  K  I  R  U  R  G  L  Õ  B  A  D
E  F  T  E  A  D  L  A  N  E  P  I  J  E
D  Z  O  O  L  O  O  G  G  I  E  O  A  T
N  V  P  D  A  R  S  T  I  U  T  L  K  E
I  F  P  M  D  W  N  V  N  T  A  O  I  K
K  W  I  W  A  H  F  T  S  A  J  O  R  T
F  I  L  O  S  O  O  F  E  J  A  G  J  I
H  S  O  W  C  Z  V  E  N  A  R  M  A  I
B  C  O  M  Y  I  Q  P  E  Q  F  J  N  V
M  T  T  U  M  V  U  W  R  U  U  V  I  C
F  O  T  O  G  R  A  A  F  Q  C  J  K  Q
A  S  T  R  O  N  A  U  T  D  L  C  J  Y
Y  E  E  U  U  R  I  J  A  U  T  P  S  Q
K  E  E  L  E  T  E  A  D  L  A  N  E  E
```

ASTRONAUT	ÕPETAJA
BIOLOOG	LEIUTAJA
KIRURG	UURIJA
DETEKTIIV	KEELETEADLANE
FILOSOOF	ARST
FOTOGRAAF	PILOOT
AEDNIK	TEADLANE
AJAKIRJANIK	ZOOLOOG
INSENER	

57 - Letteratura

```
D  H  T  G  W  T  V  Õ  R  D  L  U  S  G
R  Q  L  U  U  L  E  T  U  S  O  A  B  J
Ü  V  B  H  Q  M  M  E  F  W  O  F  M  Ä
T  F  V  S  A  U  W  E  M  J  D  D  Y  R
M  P  N  U  P  S  C  L  T  A  R  I  W  E
H  L  A  R  V  A  M  U  S  A  V  A  I  L
A  N  A  L  Ü  Ü  S  L  K  P  F  L  K  D
R  O  M  A  A  N  N  U  C  V  Z  O  D  U
I  Q  R  U  F  M  I  G  V  N  R  O  O  S
I  A  Y  T  T  A  N  U  C  Y  L  G  Ž  R
M  Y  U  O  A  N  A  L  O  O  G  I  A  R
G  K  I  R  J  E  L  D  U  S  W  Z  N  S
P  O  E  E  T  I  L  I  N  E  A  J  R  T
A  N  E  K  D  O  O  T  S  T  I  I  L  N
```

ANALÜÜS	METAFOOR
ANALOOGIA	ARVAMUS
ANEKDOOT	LUULETUS
AUTOR	POEETILINE
ELULUGU	RIIM
JÄRELDUS	RÜTM
VÕRDLUS	ROMAAN
KIRJELDUS	STIIL
DIALOOG	TEEMA
ŽANR	

58 - Cibo #2

```
B A D T V B K K W V J J Q U
A Š O K O L A A D I U D V L
N I S U S M N K C I U Q K W
A Õ A W N U A P L N S E E N
A U H L G N W T Y A T A I V
N N E L P A P M B M Ž M O Z
N S D H J J Y E K A L A O O
W G B E Z H K V C R S R A S
M N S R L C I G I J D F C N
U L E I B J I P G A E B Z W
E H L I N V V J O G U R T C
U B L S R K I R S S T M U F
C S E C V K D E Z I Z P L M
K B R O K K O L I W J L D D
```

BANAAN
BROKKOLI
KIRSS
ŠOKOLAAD
JUUST
SEEN
NISU
KIIVI
ÕUN
BAKLAŽAAN

LEIB
KALA
KANA
TOMAT
SINK
RIIS
SELLER
MUNA
VIINAMARJA
JOGURT

59 - Nutrizione

```
P  J  E  T  E  R  V  I  S  L  I  K  T  S
N  C  W  N  Y  G  Ü  I  H  T  Q  S  O  E
V  A  L  G  U  D  R  V  K  H  M  Ü  I  E
K  O  W  I  D  M  T  E  R  V  I  S  T  D
T  A  K  T  I  A  S  Q  K  L  Y  I  A  I
H  O  A  F  E  G  I  Y  I  K  K  V  I  M
E  P  K  L  E  B  D  G  B  Ä  A  E  N  I
A  E  O  S  T  L  C  B  E  Ä  L  S  E  N
I  D  M  A  I  T  S  E  T  R  O  I  T  E
Z  G  O  L  S  I  N  E  D  I  R  K  S  E
Z  C  V  L  U  D  N  P  N  M  E  U  J  Y
K  V  A  L  I  T  E  E  T  I  I  I  O  U
S  Ö  Ö  D  A  V  T  N  D  N  D  D  A  L
V  E  D  E  L  I  K  E  T  E  Z  J  J  P
```

KIBE
ISU
KALOREID
SÜSIVESIKUID
SÖÖDAV
DIEET
SEEDIMINE
KÄÄRIMINE
MAITSE
VEDELIKE

TOITAINE
KAAL
VALGUD
KVALITEET
KASTE
TERVIS
TERVISLIK
VÜRTSID
TOKSIIN

60 - Matematica

```
E B B Ü G B K U V R G V V U
S Ü M M E E T R I A E Õ T L
N K M B G H K O M A O R V Q
U O B E R I S T I D M R N E
R L I R A J O O N I E A H M
G M Y M S R R H K U E N U L
A N O Õ C U I U G S T D L Ä
D U R Õ K K M S U I R Y K B
I R H T S E B M T T I C N I
Y K W N Z N L Y A K A S U M
R Ö Ö P K Ü L I K A Ü C R Õ
A R I T M E E T I K A L K Õ
F Q S E K S P O N E N T I T
P A R A L L E E L S E L T K
```

NURGAD
ARITMEETIKA
KOMA
LÄBIMÕÕT
RAJOON
VÕRRAND
EKSPONENT
GEOMEETRIA
PARALLEELSELT
RÖÖPKÜLIK

ÜMBERMÕÕT
RISTI
HULKNURK
RUUT
RAADIUS
RISTKÜLIK
SÜMMEETRIA
SUMMA
KOLMNURK

61 - Vacanza #1

```
A  Q  P  I  L  E  T  T  K  M  Y  L  W  H
J  B  U  K  U  L  E  N  N  U  K  Õ  H  B
S  E  L  J  A  K  O  T  T  U  U  Õ  T  N
V  Q  G  G  R  K  F  R  B  S  W  G  P  Y
R  P  R  N  D  H  W  L  G  E  J  A  R  H
U  R  T  R  A  M  M  Y  S  U  R  S  R  C
D  I  O  U  S  Q  H  L  T  M  H  T  L  Z
V  S  L  A  H  K  U  M  I  N  E  U  Q  G
H  A  L  U  J  U  M  A  S  J  C  S  O  T
E  T  L  L  O  K  A  U  P  N  W  T  M  U
A  T  S  U  E  Q  J  T  K  O  H  V  E  R
J  Ä  R  V  U  K  I  O  A  F  K  J  L  I
Q  K  N  R  D  T  E  E  K  O  N  D  A  S
S  K  V  I  H  M  A  V  A  R  I  M  H  T
```

LENNUK	VIHMAVARI
AUTO	LAHKUMINE
PILET	LÕÕGASTUS
TOLL	TRAMM
TEEKOND	TURIST
JÄRV	KOHVER
MUUSEUM	VALUUTA
UJUMA	SELJAKOTT

62 - Meditazione

```
M  R  S  O  U  T  Y  W  K  E  R  N  M  G
J  Õ  S  E  L  U  L  G  A  M  A  R  E  H
T  C  T  C  L  H  U  P  A  O  H  M  E  H
J  Ä  D  T  E  G  W  O  S  T  U  P  L  T
M  Q  N  O  E  G  U  O  T  S  L  E  E  G
L  W  O  U  L  D  K  S  U  I  I  R  S  O
U  F  V  A  I  M  N  E  N  O  K  S  U  D
P  H  V  A  I  K  U  S  N  O  I  P  V  I
A  E  L  T  K  P  B  K  E  N  J  E  A  R
V  A  S  T  U  V  Õ  T  T  E  C  K  A  A
L  D  M  J  M  U  U  S  I  K  A  T  T  H
Z  U  V  J  I  L  O  O  D  U  S  I  L  U
Y  S  H  I  N  G  A  M  I  N  E  I  U  T
W  T  Ä  H  E  L  E  P  A  N  U  V  S  E
```

VASTUVÕTT
TÄHELEPANU
RAHULIK
SELGUS
KAASTUNNE
EMOTSIOONE
HEADUS
TÄNU
VAIMNE
MEELES

LIIKUMINE
MUUSIKA
LOODUS
VAATLUS
RAHU
MÕTTED
POOS
PERSPEKTIIV
HINGAMINE
VAIKUS

63 - Estate

```
M E R I T S M T P A W G M A
P Ä O K O D U C E U F L U P
S J N S I O E K R Y G N U Z
A Q N G T I G D E F L V S F
T U J C U P M F K L B N I R
T I G M L D Z W O N D V K A
E U W R Õ Õ M V N T K U A A
L M A S Õ B R A D W D A M M
K A A F G N Q B T J T T S A
I T I R A N D A A D F H N T
M Ä L E S T U S E D I L H U
I H G B T S A N D A A L I D
N E V V U R E I S I M I N E
E D A Y S P U H K U S Y N C
```

SÕBRAD
TELKIMINE
KODU
TOIT
PEREKOND
AED
MÄNGUD
RÕÕM
SUKELDUMA
RAAMATUD

MERI
MUUSIKA
MÄLESTUSED
LÕÕGASTUS
SANDAALID
RAND
TÄHED
VABA
PUHKUS
REISIMINE

64 - Escursionismo

```
H M Q R F R P C Z U M J N S
M E T S I K R A S K E U U A
Ä B E L O O M A D M V H M A
G K P Q Q H O K B Y D E Z P
I V Ä S I N U D F K O N G A
U E D L L L D D S I G D K D
A S E K V P Z P K V T I A Z
S I K U U O U P H I J D A H
T E L K I M I N E D P A R K
P Ä I K E F Z W F G T G T A
O R I E N T A T S I O O N L
U Z M Y N Z Z Y K Z A H C J
L R A U H P Q P J Y N N B U
L O O D U S D H W R L J I S
```

VESI	PARK
LOOMAD	OHUD
TELKIMINE	RASKE
KLIIMA	KIVID
JUHENDID	KALJU
KAART	METSIK
MÄGI	PÄIKE
LOODUS	VÄSINUD
ORIENTATSIOON	SAAPAD

65 - Professioni #1

```
K Z N A P T E E K E R C T S
A D P S Ü H H O L O O G S U
I D P T O R U M E E S Y Õ U
S T V R G E O L O O G W D R
T E T O I M E T A J A Z E S
S A T N K P I A N I S T T A
M D T O J A H I M E E S A A
M L D O K N A P B H S R N D
U A Z M C K Y T U D E F T I
U N D M J U V E L I I R S K
S E Z R T R E E N E R G I L
I S M K U N S T N I K F J Y
K M C Q B S Q T A L P Z A L
K A R T O G R A A F J C F G
```

TREENER
SUURSAADIK
KUNSTNIK
ASTRONOOM
ADVOKAAT
TANTSIJA
PANKUR
JAHIMEES
KARTOGRAAF
TOIMETAJA

APTEEKER
GEOLOOG
JUVELIIR
TORUMEES
ÕDE
MADRUS
MUUSIK
PIANIST
PSÜHHOLOOG
TEADLANE

66 - Antartide

```
T P R L W M V N R L S E V T
G E G I U I J V N I Ä K E E
H P A O M N W A K U I S S A
S E Z D O E J A E S L P I D
L A H E L R Ä L S T I E P U
Z V G O P A Ä A K I T D O S
G R V Q Y A N D K K A I O L
D E T I Y L Y E O E M T L I
Q K O N T I N E N T I S S K
P I L V E D R K D M N I A N
T V L R N A Z V C C E O A W
F I S O J V Z M C I J O R Q
M N S A A R E D L R Ä N N E
T E M P E R A T U U R T I H
```

VESI
KESKKOND
LAHE
VAALAD
SÄILITAMINE
KONTINENT
LIUSTIKE
JÄÄ
SAARED

RÄNNE
MINERAALID
PILVED
POOLSAAR
TEADLANE
KIVINE
TEADUSLIK
EKSPEDITSIOON
TEMPERATUUR

67 - Libri

```
J  L  A  J  A  L  O  O  L  I  N  E  L  I
E  U  K  O  N  T  E  K  S  T  Y  E  U  S
S  N  T  V  V  L  K  Q  M  B  Z  P  G  D
A  Z  O  U  L  E  I  D  L  I  K  I  U  U
S  L  F  J  S  H  R  K  U  B  O  L  V  A
J  U  H  O  E  T  J  I  G  R  G  I  J  A
A  U  W  Q  E  I  A  R  E  J  U  N  L  L
K  L  R  C  R  Y  L  J  J  V  M  E  S  S
O  E  Y  A  I  A  I  A  A  A  I  D  E  U
H  H  M  I  A  Y  K  N  U  D  N  Y  I  S
A  R  O  M  A  A  N  D  T  U  E  S  K  L
N  A  B  S  Z  C  L  U  O  T  N  H  L  Z
E  F  V  Q  C  J  V  S  R  H  L  E  U  L
F  T  R  A  A  G  I  L  I  N  E  K  S  K
```

AUTOR	LEHT
SEIKLUS	LUULE
KOGUMINE	ASJAKOHANE
KONTEKST	ROMAAN
DUAALSUS	KIRJALIK
EEPILINE	SEERIA
LEIDLIK	LUGU
KIRJANDUS	AJALOOLINE
LUGEJA	TRAAGILINE
JUTUSTAJA	

68 - Geografia

```
K O N T I N E N T G M S D F
Q D J R M H J K F E J Ä M K
S A A R V A T L A S G L G W
P Õ H J A J A T D Y P I E I
S B Z D K J E I G V U M L L
T M C K C R E K L I I E Y A
R H F M V P F Ä M E R I I
L H H U H O P M Ä O L I C U
P I I R K O N D N E Õ D Q S
V T N A Õ L S G E W U I G K
W T K N R K A A R T N A V R
G C S Q G E J B L S A A V A
Z Y R I U R Õ R I I K N T A
A P E M S A E Z R P T M G D
```

KÕRGUS   MERI
ATLAS   MERIDIAAN
LINN   MAAILM
KONTINENT   MÄGI
POOLKERA   PÕHJA
JÕE   LÄÄNE
SAAR   RIIK
LAIUSKRAAD   PIIRKOND
KAART   LÕUNA

69 - Cibo #1

```
L  S  T  N  T  M  K  K  T  L  T  L  R  E
S  M  I  T  J  A  Z  S  A  B  I  U  B  G
I  A  S  B  F  H  Z  O  E  Z  J  H  L  T
D  A  U  D  U  L  T  O  O  A  K  J  A  S
R  S  H  P  P  L  U  L  N  A  E  R  I  S
U  I  K  I  O  C  K  Ü  Ü  S  L  A  U  K
N  K  U  P  R  S  O  A  S  P  I  N  A  T
Q  A  R  A  G  G  O  M  N  Y  S  S  S  E
R  S  R  R  A  H  K  K  U  E  N  T  G  Q
P  I  I  M  N  O  Q  S  U  O  E  O  K  B
I  T  S  Ü  D  S  A  L  A  T  O  L  U  N
R  O  R  N  Q  T  U  U  N  I  K  A  L  A
N  K  B  T  G  I  U  A  J  O  D  R  A  Z
B  A  S  I  I  L  I  K  F  U  Z  M  K  Z
```

KÜÜSLAUK	PIPARMÜNT
BASIILIK	ODRA
KANEEL	PIRN
LIHA	NAERIS
PORGAND	SOOL
SIBUL	SPINAT
MAASIKAS	MAHL
SALAT	TUUNIKALA
PIIM	KOOK
SIDRUN	SUHKUR

70 - Aeroplani

```
N  S  Z  T  W  M  T  B  Z  U  F  B  K  W
A  I  U  S  R  A  J  A  L  U  G  U  U  F
V  H  U  U  Y  A  K  M  R  J  D  Y  Q  T
I  E  V  E  N  N  Õ  O  I  K  H  S  R  M
G  J  S  P  B  D  R  O  U  Ü  G  Õ  H  K
E  O  A  I  H  U  G  T  P  T  U  M  R  A
E  Õ  P  P  N  M  U  O  W  U  B  D  E  T
R  S  H  O  W  I  S  R  D  S  Y  N  I  M
I  E  C  U  V  N  K  T  A  E  V  A  S  O
D  I  S  E  P  E  H  I  T  U  S  W  I  S
A  K  T  D  O  A  D  I  S  A  I  N  J  F
Z  L  G  R  P  I  L  O  O  T  Z  A  A  Ä
F  U  B  F  Q  H  W  L  H  L  W  R  S  Ä
M  S  M  E  E  S  K  O  N  D  R  V  R  R
```

KÕRGUS   SUUND
ÕHK   MEESKOND
ATMOSFÄÄR   VESINIK
MAANDUMINE   MOOTOR
SEIKLUS   NAVIGEERIDA
KÜTUS   ÕHUPALL
TAEVAS   REISIJA
EHITUS   PILOOT
DISAIN   AJALUGU

71 - Pirati

```
L E G E N D P T A R M F I J
I K O M P A S S A A Ü A Q A
P F I H R O F V R N N Z Y M
P M I A T D H B E D D D F F
T Õ O P F H A O R J I P N Z
D Õ S A A R L M I C D Q F Y
M K K P J F B W M E G A A J
E N Q A R W Q L T I Z O K F
E K F G K Y I W P N J A I F
S J M O Y A T Z J F J U L Z
K R S I P Y P S E I K L U S
O U K A A R T T K O O B A S
N M L A N K U R E Y J G I A
D M U D Q J P I T N Q E V D
```

ANKUR	LEGEND
SEIKLUS	KAART
LIPP	MÜNDID
KOMPASS	KULD
KAPTEN	PAPAGOI
HALB	OHT
ARM	RUMM
MEESKOND	MÕÕK
KOOBAS	RAND
SAAR	AARE

72 - Colori

```
F  J  E  A  B  V  B  E  L  J  A  S  T  J
S  U  D  R  O  H  E  L  I  N  E  I  M  D
Q  K  K  C  O  V  E  S  L  A  O  N  U  K
Z  N  O  S  A  O  Ž  E  L  P  I  I  S  V
B  K  L  R  I  T  S  Ü  A  A  N  N  T  B
Y  C  L  V  Z  A  R  A  P  S  A  E  N  J
O  I  A  C  S  G  D  A  Z  E  U  K  A  E
P  U  N  A  N  E  D  Z  H  Q  J  J  B  A
O  F  E  M  A  G  E  N  T  A  U  P  J  F
Z  R  O  M  D  T  T  P  R  U  U  N  I  B
E  G  R  H  Q  Y  C  I  I  J  V  V  U  W
L  I  A  I  N  D  I  G  O  A  U  A  Y  J
O  Y  N  V  A  L  G  E  C  H  A  L  L  E
U  I  Ž  R  C  H  M  H  D  K  R  B  W  O
```

ORANŽ	MAGENTA
BEEŽ	PRUUN
VALGE	MUST
SININE	ROOSA
TSÜAAN	PUNANE
FUKSIA	SEEPIA
KOLLANE	ROHELINE
HALL	LILLA
INDIGO	

73 - Spiaggia

```
R  T  E  S  V  A  P  U  H  K  U  S  S  Z
D  C  L  I  I  V  O  Ä  H  Q  P  A  A  T
T  A  S  N  H  R  Ä  T  I  K  R  A  N  A
L  I  U  I  M  O  I  D  O  K  K  R  D  O
I  K  C  N  A  O  Z  S  A  F  E  J  A  O
A  S  D  E  V  M  O  E  A  Y  S  Q  A  Z
S  I  C  T  A  W  E  K  C  E  Q  P  L  J
K  A  R  I  R  S  B  R  E  P  Z  U  I  V
V  K  G  B  I  S  H  A  I  A  J  R  D  E
L  A  G  U  U  N  G  B  U  C  N  J  R  O
R  A  N  N  I  K  W  I  V  Q  D  E  T  M
U  J  U  M  A  I  P  Q  Y  I  M  K  T  O
L  C  P  Y  L  B  E  R  F  M  L  A  T  K
S  V  L  B  V  R  E  V  Z  H  H  S  B  U
```

RÄTIK	MERI
PAAT	UJUMA
PURJEKAS	OOKEAN
SININE	VIHMAVARI
RANNIK	LIIV
DOKK	SANDAALID
KRABI	KARI
SAAR	PÄIKE
LAGUUN	PUHKUS

74 - Avventura

```
N  G  J  Q  E  S  V  V  N  Y  E  N  V  E
L  G  N  S  V  M  J  V  A  Z  T  W  O  K
A  I  H  D  Õ  O  O  L  V  B  T  B  E  S
H  D  L  N  I  V  H  C  I  L  E  I  V  K
M  J  J  U  M  Z  T  E  G  E  V  U  S  U
S  Õ  B  R  A  D  E  N  A  B  A  Ü  I  R
A  V  G  Õ  L  N  E  T  T  A  L  L  H  S
L  O  Q  Õ  U  W  K  U  S  H  M  L  T  I
O  O  Z  M  S  Q  O  S  I  A  I  A  K  O
B  H  O  J  Y  Y  N  I  O  R  S  T  O  O
R  T  U  D  E  S  D  A  O  I  T  A  H  N
K  L  Y  T  U  N  N  S  N  L  U  V  T  C
F  I  D  Z  U  S  Y  M  F  I  S  I  G  L
T  K  N  L  S  S  R  A  S  K  U  S  E  D
```

SÕBRAD	EBAHARILIK
TEGEVUS	TEEKOND
ILU	LOODUS
VÕIMALUS	NAVIGATSIOON
SIHTKOHT	UUS
RASKUSED	OHTLIK
ENTUSIASM	ETTEVALMISTUS
EKSKURSIOON	OHUTUS
RÕÕM	ÜLLATAV

75 - Forme

```
K  O  N  P  H  P  K  O  O  N  U  S  P  C
E  R  U  U  U  Ü  R  I  D  A  N  D  P
R  C  R  Y  L  P  P  R  S  E  K  A  A  R
A  B  K  A  K  J  J  E  A  E  P  R  P  I
K  U  U  J  N  P  H  N  R  M  R  U  C  S
O  A  U  L  U  E  Y  V  I  B  I  V  C  M
L  P  B  J  R  U  U  T  S  A  O  I  A  A
M  O  I  T  K  F  L  Z  T  G  V  O  D  D
N  O  K  K  Õ  V  E  R  K  G  A  G  L  C
U  L  C  K  F  P  S  I  Ü  W  A  S  I  J
R  T  R  U  V  L  W  N  L  G  L  B  J  H
K  V  A  Y  O  H  N  G  I  S  R  C  M  B
M  R  G  O  H  I  B  J  K  J  J  E  F  K
E  L  L  I  P  S  I  L  I  N  D  E  R  V
```

NURK	POOL
KAAR	RIDA
SERVAD	OVAAL
RING	PÜRAMIID
SILINDER	HULKNURK
KOONUS	PRISMA
KUUBIK	RUUT
KÕVER	RISTKÜLIK
ELLIPS	KERA
HÜPERBOOL	KOLMNURK

76 - Oceano

```
T  U  U  N  I  K  A  L  A  U  Z  K  B  O
O  Q  W  L  O  H  G  S  E  G  H  A  F  W
Z  L  W  K  I  L  P  K  O  N  N  R  D  M
Y  K  Y  A  M  P  D  T  C  O  B  I  S  K
Q  Ä  B  L  K  Z  V  V  A  A  L  Q  Q  D
K  S  H  A  K  R  E  V  E  T  I  D  E  A
R  N  P  A  A  T  U  D  E  L  F  I  I  N
A  A  A  U  I  N  O  K  O  R  A  L  L  G
B  U  H  S  B  O  Z  R  I  B  G  M  L  E
I  B  U  T  F  S  C  K  M  S  S  E  Q  R
E  P  D  E  I  G  L  A  I  N  E  D  I  J
O  C  D  R  W  Z  B  C  N  C  P  U  F  A
B  Z  O  U  L  O  O  D  E  T  E  U  A  S
K  Ä  H  E  K  S  A  J  A  L  G  S  Q  V
```

ANGERJAS	AUSTER
VAAL	KALA
PAAT	KAHEKSAJALG
KORALL	SOOL
DELFIIN	KARI
KREVETID	KÄSNA
KRABI	HAI
LOODETE	KILPKONN
MEDUUS	TORM
LAINED	TUUNIKALA

77 - Famiglia

```
V  Q  T  O  J  T  A  A  Z  A  F  H  L  I
P  A  O  N  K  Ü  G  S  R  B  K  G  A  S
T  T  N  U  S  T  E  K  F  I  O  S  P  A
U  M  Õ  A  E  A  M  A  G  K  A  G  S  P
G  Õ  B  Y  I  R  A  K  I  A  R  H  E  O
A  D  U  R  R  S  R  S  M  A  J  L  P  O
B  E  Q  T  H  G  A  I  E  S  G  C  Õ  L
V  A  N  A  E  M  A  K  S  A  R  T  L  S
N  A  I  N  E  P  N  U  I  A  Q  Z  V  E
L  L  A  P  S  E  D  D  V  E  N  D  L  R
T  A  F  Z  L  R  M  I  A  H  P  J  N  C
Ä  N  P  B  Q  V  E  N  N  A  P  O  E  G
D  C  J  S  J  M  Y  T  E  Z  U  P  L  Y
I  L  T  E  P  A  I  H  M  M  E  F  H  S
```

ESIVANEM	NAINE
LAPSED	VENNAPOEG
LAPS	VANAEMA
NÕBU	VANAISA
TÜTAR	ISA
VEND	ISAPOOLSE
KAKSIKUD	ÕDE
LAPSEPÕLV	TÄDI
EMA	ONU
ABIKAASA	

78 - Veicoli

```
A L L V E E L A E V P Y J M
U M Z H E L I K O P T E R E L
L B O E Y O M Z E A M H E T
P P P O D K A A Q R R N H R
Q C A V T Q M U P V L N V O
I T A K S O O Y T K E H I O
Q G T T W I R U A O N Q D O
H D T F P K T O F T N L P Y
D G R Q O R O N G E U Z C V
J J A L G R A T A S K J J C
F B K K I I R A B I F B R A
A U T O H Y I A M A H K L N
B S O R A K E T T M F H K A
N S R O L L E R V A N I G C
```

LENNUK	MOOTOR
KIIRABI	REHVID
AUTO	RAKETT
BUSS	ROLLER
PAAT	ALLVEELAEV
JALGRATAS	TAKSO
VEOAUTO	PRAAM
HELIKOPTER	TRAKTOR
VAN	RONG
METROO	PARV

79 - Emozioni

```
W P W H D V K H A O P U M A
M A I I P Õ N E V I L B B S
C H Y R A H U L I K N E G U
R E F M H B T L I G A V U S
G A K A A S T U N N E T Q T
Q Q H U R A I S F L C H U Ä
C J G U Ü Z I S U K P E U N
P I I N L I K C U Q Q A R U
R T R R L Z U R A H U D Õ L
N G D C A E R V P G N U Õ I
P N I W T S B Q I Q Q S M K
A G Z Q U K U Z W H N G P V
V Q A Y S F S T B K A U K K
A R M A S T U S Õ N D S U S
```

ARMASTUS	IGAVUS
ÕNDSUS	RAHU
RAHULIK	HIRM
SISU	VIHA
PÕNEVIL	KAASTUNNET
HEADUS	RAHUL
RÕÕM	ÜLLATUS
TÄNULIK	HELLUS
PIINLIK	KURBUS

80 - Natura

```
D T V W E L D P J L S B D M
H Ü R M E T S I K E A D G E
H L N O Z C T L Õ H N Z C S
A O I A O Z C V R E C D H I
D O I A A P O E B S T S C L
V M E C P M I D G T U D U A
E A F B I E I L U I A R E S
R D R V Q T L L I K R A L E
O Q Y J T S G I I N Y H U D
S G M Õ U B G U K N E U L T
I U T E F P S S P G E L I P
O L A Y G C A T A F J I N B
O A R K T I L I N E P K E P
N G U H H C S K K A L J U D
```

LOOMAD	LIUSTIK
MESILASED	UDU
ARKTILINE	PILVED
ILU	VARJUPAIK
KÕRB	SANCTUARY
DÜNAAMILINE	KALJUD
EROSIOON	METSIK
JÕE	RAHULIK
LEHESTIK	TROOPILINE
METS	ELULINE

81 - Balletto

```
N Y V M L I H A S E D L I M
G R A A T S I L I N E U G T
K U N S T I L I N E K T A K
H J B D T J P E A P R O O V
T E A U Q I O K Y T Ü S P O
A P L A U S I R N F T O U S
N L E I J W J L K Ž M O B K
T R R Q L Q Z G O E B L L U
S H I G D O M M J S S O I S
I W I Q Z M O W W T U T K M
J O N W P Q P J J T N P E M
A K O R E O G R A A F I A R
D I N T E N S I I V S U S V
M U U S I K A H N A O F V E
```

OSKUS
APLAUS
KUNSTILINE
SOOLO
BALERIIN
TANTSIJAD
HELILOOJA
KOREOGRAAFIA
ŽEST
GRAATSILINE

INTENSIIVSUS
LIHASED
MUUSIKA
ORKESTER
TAVA
PEAPROOV
PUBLIK
RÜTM
STIIL

82 - Castelli

```
M  K  M  R  R  M  A  M  P  R  I  N  T  S
C  U  Z  A  Ü  H  I  Õ  A  T  K  A  H  Y
D  N  H  G  Ü  U  P  Õ  L  J  Y  F  D  N
Ü  I  A  U  T  A  R  K  E  T  O  R  N  Q
N  N  P  L  E  N  I  E  E  K  R  O  O  N
A  G  W  K  L  C  N  K  I  L  P  D  P  I
S  R  K  A  E  Y  T  I  E  E  J  H  O  M
T  I  L  O  O  Y  S  E  I  N  D  Ü  E  P
I  I  H  I  Y  F  E  O  D  A  A  L  N  E
A  K  L  O  N  Z  S  I  O  R  M  L  J  E
U  E  Z  I  B  N  S  W  N  D  C  A  E  R
O  W  Z  O  R  U  U  Q  N  F  U  S  J  I
D  R  A  A  K  O  N  S  J  G  T  S  K  U
Y  O  H  P  Y  W  D  E  V  L  P  M  S  M
```

SOODUS
RAGULKA
RÜÜTEL
HOBUNE
KROON
DÜNASTIA
DRAAKON
FEODAALNE
LINNUS
IMPEERIUM

ÜLLAS
PALEE
SEIN
PRINTS
PRINTSESS
KUNINGRIIK
KILP
MÕÕK
TORN

83 - Foresta Pluviale

```
A K V A R J U P A I K I S M
P U A B Z N K K L I I M A I
U V S H H L C D I V C E M T
E T G T E K P Q I Ä R T M M
C V Y F U P B L K Ä S A A E
T J M R C S A P J R C J L K
P L I N N U D I C T A A O E
S U U A E F T L K U L D O S
R J T S V W W V F S P V D I
U W V U M J Y E V L E U U S
K O G U K O N D E I V D S U
A K O Q Y A Q U A K W V T S
Y B C W R G D D Ž U N G E L
R B O T A A N I L I N E G I
```

KAHEPAIKSED
BOTAANILINE
KLIIMA
KOGUKOND
MITMEKESISUS
DŽUNGEL
PUTUKAD
IMETAJAD

SAMMAL
LOODUS
PILVED
VÄÄRTUSLIK
VARJUPAIK
AUSTUS
LIIK
LINNUD

84 - Edifici

```
W  R  C  H  T  G  F  E  H  S  U  D  Q  S
S  R  C  Z  O  E  D  Y  O  A  T  Z  V  T
H  U  B  I  Z  T  L  A  S  A  H  H  K  A
T  E  A  T  E  R  E  K  T  T  O  A  G  A
E  W  T  V  L  J  S  L  E  K  D  I  Z  D
S  K  O  R  Z  C  S  A  L  O  N  G  I  I
T  O  R  P  O  M  I  Y  L  N  C  L  H  O
L  R  N  Z  M  D  I  S  D  D  D  A  H  N
A  T  S  U  P  E  R  M  A  R  K  E  T  I
B  E  T  Ä  H  E  L  E  P  A  N  U  N  N
O  R  M  U  U  S  E  U  M  L  G  A  G  E
R  U  L  D  Q  V  O  T  E  H  A  S  M  A
I  K  I  N  O  Ü  L  I  K  O  O  L  Z  I
U  U  D  R  V  K  O  O  L  L  O  S  S  T
```

SAATKOND	HAIGLA
KORTER	TÄHELEPANU
SALONGI	HOSTEL
LOSS	KOOL
KINO	STAADION
TEHAS	SUPERMARKET
AIT	TEATER
HOTELL	TELK
LABOR	TORN
MUUSEUM	ÜLIKOOL

85 - Paesi #2

```
H  U  K  R  A  I  N  A  K  B  R  Y  J  B
J  A  L  B  A  A  N  I  A  N  E  P  A  L
A  I  I  J  H  I  E  L  L  U  G  V  M  D
A  D  H  T  H  K  I  T  E  C  V  E  A  Y
P  B  T  D  I  O  K  R  I  P  N  B  I  W
A  Y  S  J  V  B  E  C  I  O  Y  J  C  H
N  N  I  G  E  E  R  I  A  M  O  B  A  S
I  N  D  O  N  E  E  S  I  A  A  P  N  U
J  T  H  O  E  S  S  Ü  R  I  A  I  D
Y  C  D  S  M  I  B  E  L  A  O  S  S  A
F  F  Y  G  A  M  E  H  H  I  K  O  P  A
I  V  Z  D  A  K  R  E  E  K  A  L  V  N
T  A  A  N  I  P  A  K  I  S  T  A  N  Y
L  I  B  E  E  R  I  A  U  G  A  N  D  A
```

ALBAANIA
TAANI
ETIOOPIA
JAMAICA
JAAPAN
KREEKA
HAITI
INDONEESIA
IIRIMAA
LAOS

LIBEERIA
MEHHIKO
NEPAL
NIGEERIA
PAKISTAN
VENEMAA
SÜÜRIA
SUDAAN
UKRAINA
UGANDA

86 - Tipi di Capelli

```
K  H  S  Q  Y  T  B  E  D  T  R  Q  L  V
U  I  D  H  A  N  K  Q  E  O  Z  Z  Ü  P
I  T  I  T  E  R  V  I  S  L  I  K  H  V
V  H  A  L  L  O  K  K  I  S  M  V  I  Ä
A  T  C  V  A  H  D  V  P  G  M  D  K  R
S  I  L  E  A  S  W  H  Õ  H  U  K  E  V
P  E  Z  O  B  L  U  Õ  I  M  S  P  M  I
A  Z  P  A  K  S  G  B  M  E  T  I  S  T
E  W  P  V  B  I  P  E  I  K  U  K  H  U
L  W  R  W  U  L  D  Z  T  H  Q  K  D  D
A  W  U  U  T  B  M  C  U  Z  T  Q  O  N
D  J  U  J  B  L  O  N  D  O  B  M  Q  F
I  V  N  L  R  Q  F  B  T  B  S  W  K  E
N  C  G  P  E  H  M  E  K  U  M  V  B  I
```

HÕBE	PIKK
KUIV	PRUUN
VALGE	PEHME
BLOND	MUST
LÜHIKE	LOKKIS
KIILAS	LOKID
VÄRVITUD	TERVISLIK
HALL	ÕHUKE
PÕIMITUD	PAKS
SILE	PAELAD

87 - Vestiti

```
S  A  L  L  S  J  K  I  N  D  A  D  Y  U
U  B  S  R  E  B  O  V  R  Z  E  P  M  H
P  P  F  I  E  O  W  P  O  O  Y  Ü  T  O
L  Õ  J  W  L  K  K  A  E  L  A  K  E  E
U  I  L  F  I  K  L  K  Z  Q  F  S  K  S
U  G  L  L  K  A  E  Ä  C  U  L  I  S  A
S  J  S  M  F  M  I  E  G  F  Y  D  A  N
P  A  Ä  Y  G  P  T  V  Ö  Ö  K  A  D  D
M  I  R  W  P  S  J  Õ  J  K  D  U  D  A
M  L  K  N  W  U  B  R  W  V  B  B  Z  A
P  Ü  A  K  V  N  Y  U  M  A  N  T  E  L
T  O  T  K  I  N  G  A  T  Z  M  L  H  I
O  Q  C  S  M  O  O  D  M  A  G  S  A  D
P  I  D  Ž  A  A  M  A  J  P  D  G  E  G
```

KLEIT	PÕLL
KÄEVÕRU	KINDAD
PLUUS	TEKSAD
SÄRK	KAMPSUN
MÜTS	MOOD
MANTEL	PÜKSID
VÖÖ	PIDŽAAMA
KAELAKEE	SANDAALID
JOPE	KINGA
SEELIK	SALL

88 - Attività e Tempo Libero

```
U R M P K Z T E C J A W G S
J J K A L A P Ü Ü K B Z O I
A C U F R H O B I D D T L I
L M K M A T K A M I N E F E
G R G L I T S V W Q Z N Y R
P G A I A N D U S Z E N F T
A J G C W T E L K I M I N E
L P E S A P A L L U M S Q A
L S U R F A M I N E N A V W
L Õ Õ G A S T A V H A S A C
S U K E L D U M A I F Q T L
J V Õ R K P A L L L Z U K E
U P Q K O R V P A L L W Q H
H Q R E I S I M I N E F D Q
```

KUNST
PESAPALL
KORVPALL
POKS
JALGPALL
TELKIMINE
MATKAMINE
AIANDUS
GOLF
HOBID

SUKELDUMA
UJUMINE
VÕRKPALL
KALAPÜÜK
MAAL
LÕÕGASTAV
SURFAMINE
TENNIS
REISIMINE

89 - Tecnologia

```
D F T A R K V A R A H F B B
I T O E K V L T N Q P A L E
G I I N H I C U A D V I O K
I E N B T I Y R S S M L G R
T T L G S R Y V N T S E I A
A K C I Õ U K A Y A Z Y D A
A A A M N S U L Z T C R K N
L R Z A U U R I M I S T Ö Ö
N V J B M B S S H S T A M T
E U F H Q E O U L T Q U T L
Y T M B D O R S J I C R Y T
F I N Y Z Q I A E K C L O T
I N T E R N E T L A P T O B
V E E B I B R A U S E R W H
```

BLOGI
VEEBIBRAUSER
ARVUTI
KURSORI
ANDMED
DIGITAALNE
FAIL
FONT
INTERNET

SÕNUM
UURIMISTÖÖ
EKRAAN
TURVALISUS
TARKVARA
STATISTIKA
KAAMERA
VIIRUS

90 - Arte

```
P  B  F  F  T  I  S  I  K  L  I  K  I  L
T  K  O  N  O  U  E  C  E  C  R  T  N  I
O  E  P  Z  B  C  J  K  E  H  U  R  S  H
K  R  E  N  O  H  O  U  R  B  O  D  P  T
O  A  I  M  I  M  O  J  U  M  D  L  I  N
O  A  Z  G  A  O  N  U  L  U  U  A  R  E
S  M  I  Y  I  S  I  T  I  D  I  U  E  B
T  I  G  K  N  N  S  A  N  K  J  S  E  G
I  K  R  U  O  K  A  D  E  F  N  O  R  U
S  A  E  E  G  W  M  A  A  L  I  D  I  Q
S  Ü  M  B  O  L  U  U  L  E  Q  V  T  R
E  M  A  D  T  V  Ä  L  J  E  N  D  U  S
S  K  U  L  P  T  U  U  R  H  B  D  D  D
S  Ü  R  R  E  A  L  I  S  M  V  P  Y  G
```

KERAAMIKA
KEERULINE
KOOSTIS
LUUA
MAALID
VÄLJENDUS
JOONIS
INSPIREERITUD
AUS
ORIGINAAL

ISIKLIK
LUULE
KUJUTADA
SKULPTUUR
LIHTNE
SÜMBOL
TEEMA
SÜRREALISM
TUJU

91 - Meteo

```
A G V M R Z W O N Q T H D I
R K R Ä I D F U U O E B Z M
M B L K L I I M A E M K H E
Q I V G M K W A O T P A F L
P O L A A R N E T C E T K I
T O R M U S S O O N R M U H
T A E V A S A Y R L A O I T
T R O O P I L I N E T S V N
B Ä R L I Õ G F A L U F O E
N I K S L N U A A P U Ä C O
H K A U V B B D D J R Ä S F
D E A D T U U L O V Ä R N J
A R N U E N Q D P T K Ä B C
V I K E R K A A R N V V D P
```

VIKERKAAR   PILV
KUIV   POLAARNE
ATMOSFÄÄR   PÕUD
IMELIHTNE   TEMPERATUUR
TAEVAS   TORM
KLIIMA   TORNAADO
VÄLK   TROOPILINE
JÄÄ   ÄIKE
MUSSOON   ORKAAN
UDU   TUUL

92 - Corpo Umano

```
R  E  P  J  U  P  G  A  A  K  S  O  Y  P
G  U  E  A  S  V  H  N  A  K  Õ  U  G  U
F  W  A  P  H  I  D  H  L  F  Z  R  N  M
C  E  C  Q  O  K  S  U  U  G  P  L  V  U
I  K  Y  K  P  S  L  B  G  O  Õ  L  G  H
K  O  G  Ü  K  Ü  K  U  J  R  L  Õ  I  C
W  L  T  Ü  Ä  D  O  Õ  U  Y  V  U  C  Q
E  V  V  N  S  A  B  I  H  U  E  G  L  K
B  H  N  A  I  E  Q  F  C  T  R  Z  M  A
C  S  O  R  S  I  L  M  Q  Q  I  Y  B  E
O  Y  A  N  I  N  A  U  Y  A  B  F  K  L
N  Ä  G  U  K  A  I  M  L  J  A  L  G  Z
M  Q  F  K  J  H  M  J  V  U  S  Õ  R  M
B  P  R  K  D  K  Q  G  C  U  P  U  C  T
```

SUU	KÄSI
PAHKLUU	LÕUG
AJU	NINA
KAEL	SILM
SÜDA	KÕRV
SÕRM	NAHK
NÄGU	VERI
JALG	ÕLG
PÕLV	KÕHT
KÜÜNARNUKK	PEA

93 - Mammiferi

```
K Ü Ü L I K K Z J Q K A S S
H O E Z K G M O T D Ä V K S
M E L E V A N T E A N K Z E
K O I O T T R O F R G S O B
V A A L G F V E O H U N T R
L D E L F I I N B T R Q D A
A C Y L K A R U Q A U Z R L
M G U G K C G V Q W N D I Õ
B H U P J I O I G O R E T V
A V K C E P R H O B U N E I
D L P Q E Z I J B S N T O B
U U N N P U L L A A H V H O
C J N R P D L V B K H I R V
C O N Y C A A D E H Z K V Y
```

VAAL   KAELKIRJAK
KOER   GORILLA
KÄNGURU   LÕVI
HOBUNE   HUNT
HIRV   KARU
KÜÜLIK   LAMBAD
KOIOTT   AHV
DELFIIN   PULL
ELEVANT   REBANE
KASS   SEBRA

94 - Arrampicata

```
K D K D V I G A S T U S S J
I I C Õ S L P M Y W U Y I U
N C I N R K R C Q M D M E H
D T L V R G Q K D H I G K E
A V C D E E U K I T S A S N
D K C T J R W S I E H S P D
B A T M O S F Ä Ä R I A E I
M A T K A M I N E Y M A R D
A R K T U G E V U S U P T J
A T O M R N Z I O M Y A C F
S K O O L I T U S C Z D C V
T K B F Ü Ü S I L I N E G L
I D A V Ä L J A K U T S E D
K H S T A B I I L S U S J N
```

KÕRGUS
ATMOSFÄÄR
KIIVER
UUDISHIMU
MATKAMINE
EKSPERT
FÜÜSILINE
KOOLITUS
TUGEVUS
KOOBAS

KINDAD
JUHENDID
VIGASTUS
KAART
VÄLJAKUTSED
STABIILSUS
SAAPAD
KITSAS
MAASTIK

95 - Animali Domestici

```
T  C  F  I  C  Y  T  D  U  R  G  S  K  V
P  J  Z  S  N  L  O  Q  F  F  Y  I  I  E
K  A  K  A  S  S  I  P  O  E  G  S  L  S
Ü  U  P  B  K  I  T  S  T  J  D  A  P  I
Ü  E  T  A  H  O  V  R  P  Z  E  L  K  T
L  Q  Z  S  G  T  D  H  F  Z  P  I  O  W
I  G  F  H  I  O  A  B  E  H  B  K  N  L
K  A  S  S  H  K  I  C  F  U  U  R  N  E
J  I  T  Z  Y  I  A  S  Y  U  M  A  M  H
K  Ä  P  A  D  O  I  S  G  K  O  E  R  M
R  I  H  M  R  V  Z  R  Z  A  Z  D  L  Y
U  E  W  W  W  P  Q  B  A  L  O  H  E  W
Z  I  R  Q  O  F  P  C  M  A  A  B  Y  P
H  A  M  S  T  E  R  E  D  S  C  C  L  A
```

VESI
KOER
KITS
TOIT
SABA
KRAE
KÜÜLIK
HAMSTER
KUTSIKAS
KASSIPOEG

KASS
RIHM
SISALIK
LEHM
PAPAGOI
KALA
KILPKONN
HIIR
KÄPAD

96 - Cucina

```
Z  S  Z  E  L  F  V  K  K  P  Õ  L  L  V
H  Ü  M  B  U  F  I  U  A  Ä  Y  O  B  E
B  G  R  L  S  K  H  L  H  N  S  H  Q  E
S  A  N  O  I  A  A  P  I  O  N  N  S  K
Ö  V  N  J  K  H  U  U  R  A  J  Q  A  E
Ö  K  O  U  A  V  K  R  S  D  F  U  L  E
G  Ü  P  W  D  L  Z  K  L  S  W  A  V  T
I  L  V  G  R  I  L  L  M  D  O  C  R  J
P  M  Ü  C  D  D  B  S  M  K  H  A  Ä  A
U  I  R  E  T  S  E  P  T  Ü  D  E  T  T
L  K  T  J  A  Y  P  M  O  L  U  W  I  K
G  A  S  B  S  J  A  R  I  M  J  F  K  S
A  O  I  C  S  U  M  V  T  I  L  N  H  Y
D  D  D  T  A  S  L  K  K  K  J  S  B  D
```

SÖÖGIPULGAD	KÜLMIK
VEEKEETJA	PÕLL
KANN	GRILL
TOIT	KULP
KAUSS	RETSEPT
NOAD	VÜRTSID
SÜGAVKÜLMIK	KÄSNA
LUSIKAD	TASS
KAHVLID	SALVRÄTIK
AHI	PURK

97 - Vacanze #2

```
T  E  L  K  V  F  W  P  R  M  Y  M  C  L
U  E  F  D  Z  O  U  S  O  M  M  L  T  E
Y  T  L  N  E  T  I  N  N  F  E  P  D  N
O  R  S  K  S  O  R  Y  G  A  N  R  W  N
P  A  R  D  I  D  K  A  A  R  T  E  K  U
O  N  A  E  F  M  G  V  G  P  A  S  S  J
H  S  N  D  R  E  I  S  I  I  K  T  A  A
O  P  D  Z  I  R  T  N  R  P  S  O  A  A
T  O  L  V  R  I  P  Y  E  F  O  R  R  M
E  R  V  Ä  L  I  S  M  A  A  L  A  N  E
L  T  I  A  V  A  Z  M  D  J  Q  N  L  J
L  I  I  O  B  S  I  H  T  K  O  H  T  I
C  Z  S  Q  S  A  W  H  Q  S  K  U  B  F
L  O  A  O  B  S  Z  P  U  H  K  U  S  T
```

LENNUJAAM	RAND
TELKIMINE	VÄLISMAALANE
SIHTKOHT	TAKSO
FOTOD	VABA
HOTELL	TELK
SAAR	TRANSPORT
KAART	RONG
MERI	PUHKUS
PASS	REISI
RESTORAN	VIISA

98 - Attività

```
A  M  Õ  I  S  T  A  T  U  S  I  U  N  L
F  I  K  Ä  S  I  T  Ö  Ö  G  R  C  L  U
O  T  A  N  T  S  I  M  I  N  E  Õ  P  G
T  K  L  N  L  E  O  J  B  M  V  M  Õ  E
O  E  A  K  D  H  P  J  C  L  A  A  L  M
G  R  P  Õ  N  U  O  Y  N  D  B  A  L  I
R  A  Ü  M  G  O  S  K  U  S  A  G  Õ  N
A  A  Ü  B  K  U  N  S  T  V  Z  I  Õ  E
A  M  K  L  A  U  J  O  H  P  V  A  G  E
F  I  T  E  L  K  I  M  I  N  E  E  A  Q
I  K  L  M  A  T  K  A  M  I  N  E  S  F
A  A  O  I  T  E  G  E  V  U  S  Z  T  I
H  M  Ä  N  G  U  D  M  Q  N  T  Y  U  B
Y  P  O  E  J  F  I  J  A  H  T  L  S  T
```

OSKUS	FOTOGRAAFIA
KUNST	AIANDUS
KÄSITÖÖ	MÄNGUD
TEGEVUS	LUGEMINE
JAHT	MAAGIA
TELKIMINE	KALAPÜÜK
KERAAMIKA	RÕÕM
ÕMBLEMINE	MÕISTATUSI
TANTSIMINE	LÕÕGASTUS
MATKAMINE	VABA

99 - Forniture Artistiche

```
A K R Ü Ü L K V L D Y N V I
M U B R H V U E D O Y V E D
B H P Q G O S S D N O V F E
H E R D J A T I H M T V H E
P A B E R K U H J O R Y U D
A V I K V V T A P L K K Q S
S B G H O A U R L B A C I N
T S Ü S I R S J I E A U E U
E I O E N E K A I R M Õ D U
L L N U Z L U D A T E L H R
L I B T G L M C T Q R I G Y
I K H L I I M G S P A K L Z
D S A V I D O O I T O O L C
V Ä R V I D K R D Q Z B E A
```

VESI
AKVARELLID
AKRÜÜL
SAVI
SÜSI
PABER
MOLBERT
LIIM
VÄRVID
LOOVUS

KUSTUTUSKUMM
IDEED
TINT
PLIIATSID
ÕLI
PASTELLID
TOOL
HARJAD
LAUD
KAAMERA

100 - Misurazioni

```
K  A  A  L  G  Z  J  A  V  O  L  M  M  U
L  I  W  V  M  B  P  S  J  S  W  E  I  Z
A  U  L  K  T  A  A  O  A  U  O  O  N  R
K  G  U  O  I  K  Õ  R  G  U  S  U  T
O  R  D  P  M  T  O  N  N  L  N  D  T  L
M  N  A  M  E  E  O  M  I  P  K  A  R  Q
A  S  U  A  B  Q  E  S  Ü  G  A  V  U  S
Y  P  D  S  D  T  M  T  K  L  E  J  N  Z
U  N  T  S  Z  Q  S  O  R  I  A  H  G  Q
G  M  E  E  T  E  R  L  A  I  U  S  R  A
P  R  E  G  P  J  U  L  S  T  U  B  K  O
L  W  A  S  E  N  T  I  M  E  E  T  E  R
R  S  G  M  K  I  L  O  G  R  A  M  M  T
P  I  N  T  M  P  I  K  K  U  S  Y  L  E
```

KÕRGUS	PIKKUS
BAIT	MASS
SENTIMEETER	MEETER
KILOGRAMM	MINUT
KILOMEETRI	UNTS
KOMA	KAAL
KRAAD	PINT
GRAMM	TOLL
LAIUS	SÜGAVUS
LIITER	TONN

1 - Scacchi

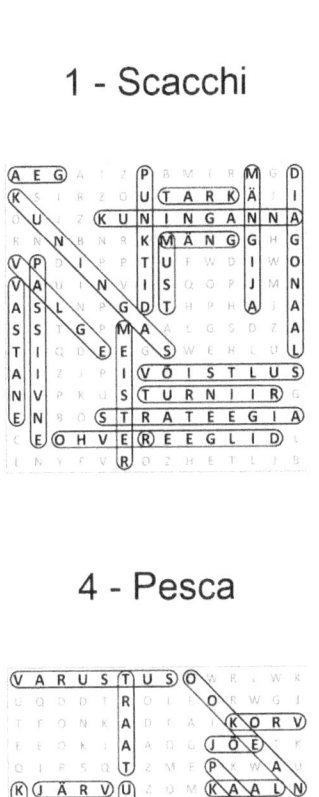

2 - Aggettivi #2

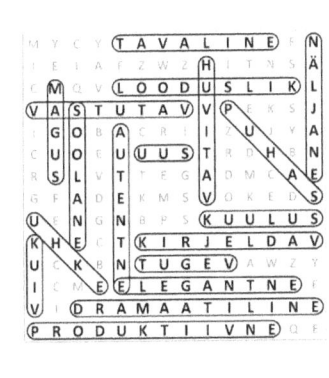

3 - Mobili

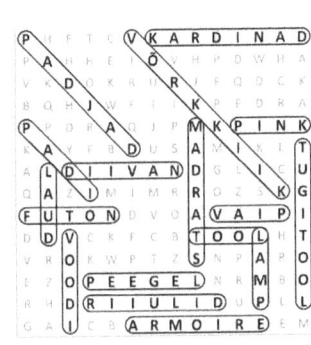

4 - Pesca

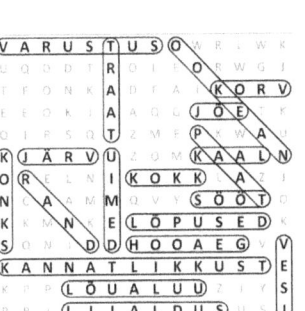

5 - Aggettivi #1

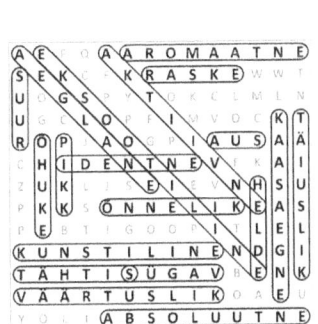

6 - Geologia

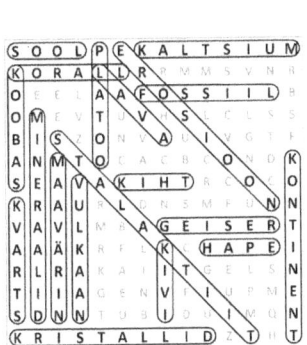

7 - Campeggio

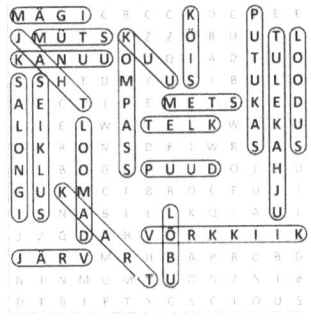

8 - Arti Visive

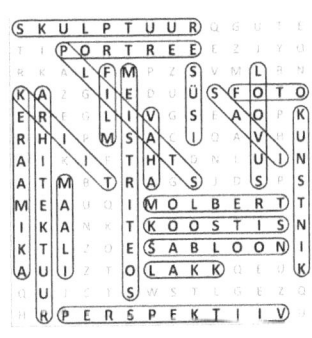

9 - Esplorazione

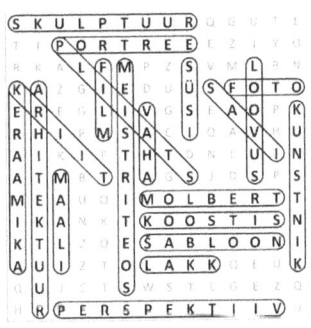

10 - Tempo

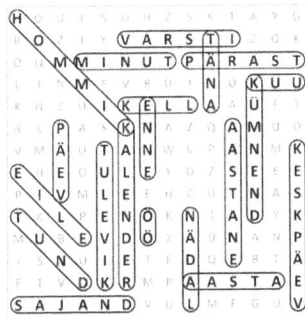

11 - Astronomia

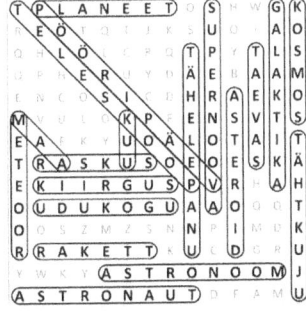

12 - Circo

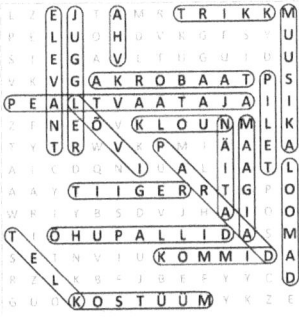

13 - Mitologia

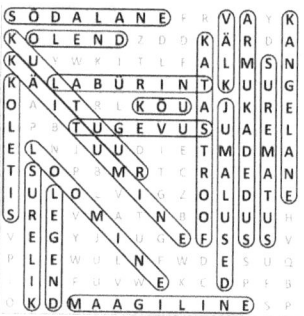

14 - Piante

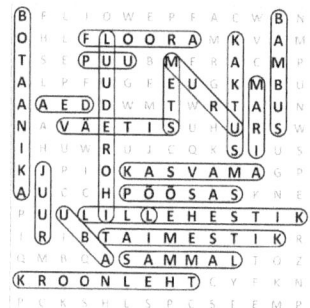

15 - Spezie

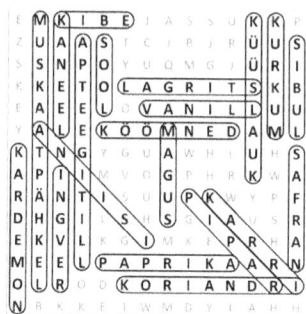

16 - Numeri

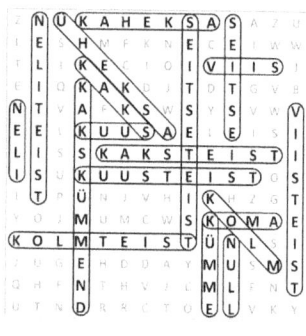

17 - Cioccolato

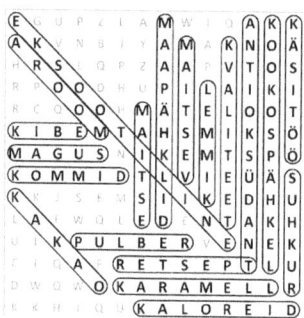

18 - Guida

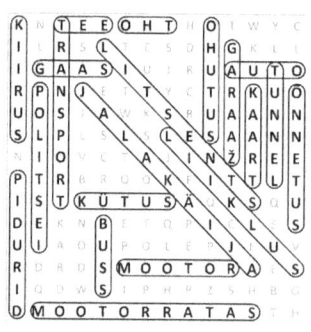

19 - Sport

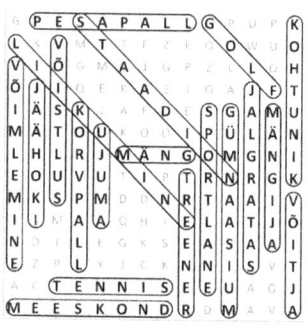

20 - Giocattoli

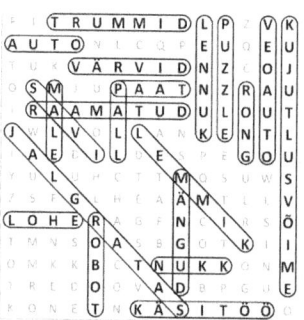

21 - Strumenti di Cottura

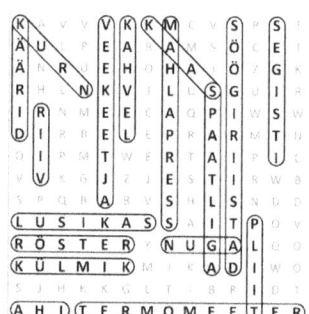

22 - Uccelli

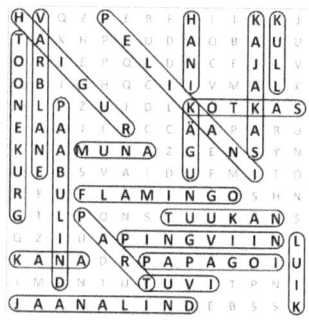

23 - Giorni e Mesi

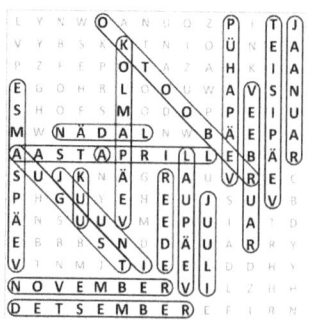

24 - Casa

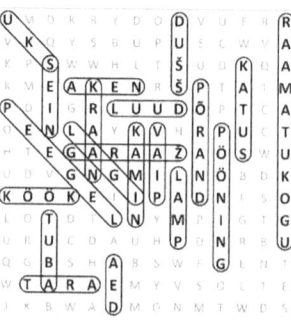

25 - Ristorante #1

26 - Fantascienza

27 - Città

28 - Virtù #1

29 - Compleanno

30 - Fattoria #1

31 - Paesaggi

32 - Ristorante #2

33 - Giardino

34 - Frutta

35 - Fattoria #2

36 - Dinosauri

37 - Verdure

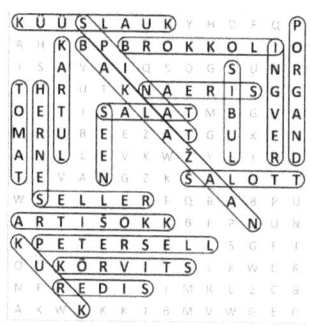

38 - Scuola #2

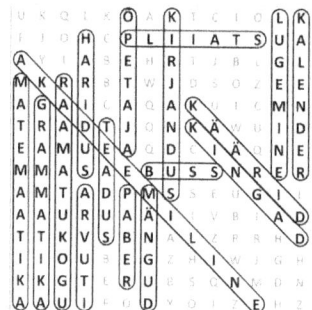

39 - Gentilezza

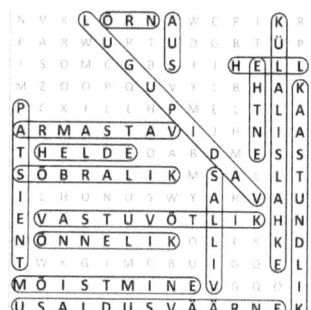

40 - Barbecue

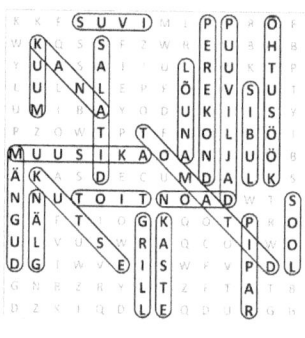

41 - Riempire

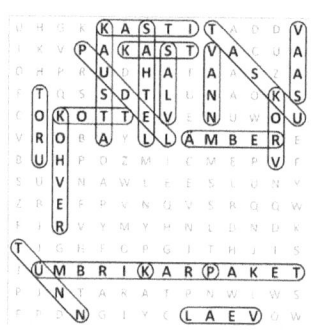

42 - Insetti

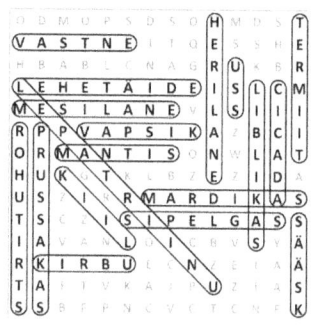

43 - Erboristeria

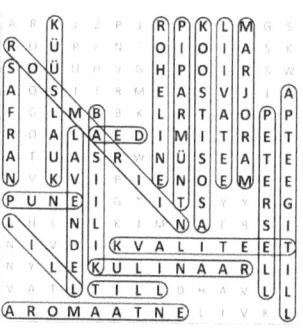

44 - Danza

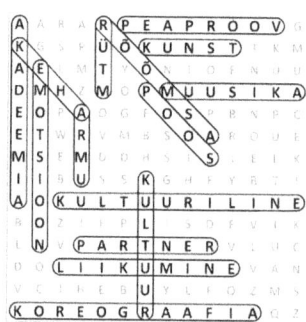

45 - Scuola #1

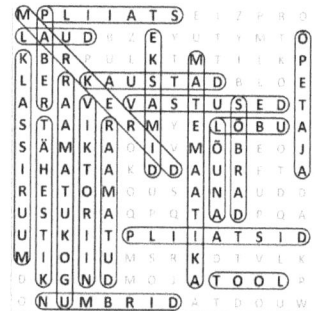

46 - Fiori

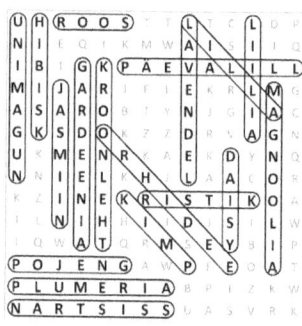

47 - Ecologia

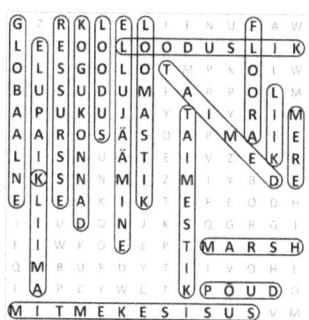

48 - Discipline Scientifiche

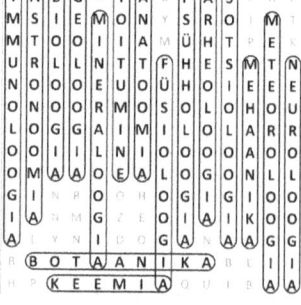

49 - Scienza

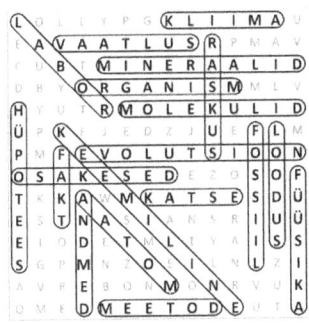

50 - Acqua

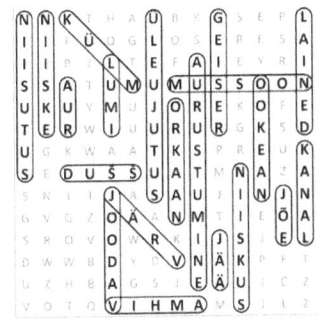

51 - Gatti

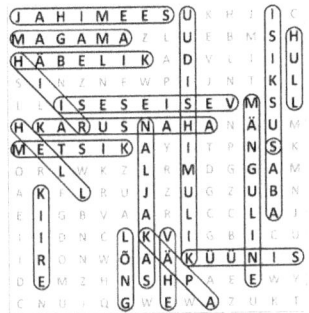

52 - Surf

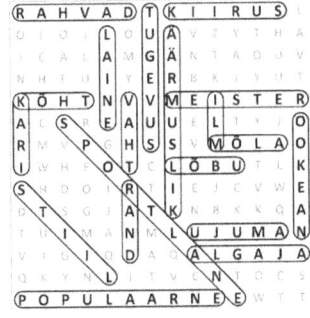

53 - Imbarcazioni

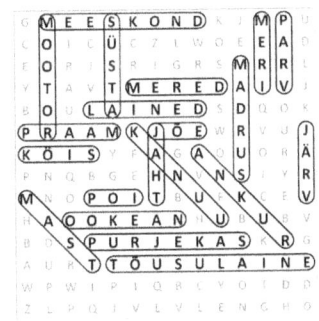

54 - Api

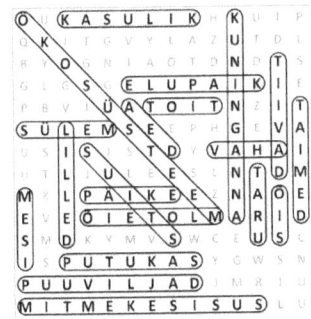

55 - Strumenti Musicali

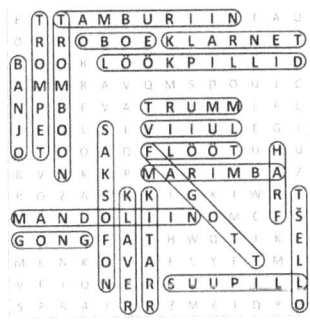

56 - Professioni #2

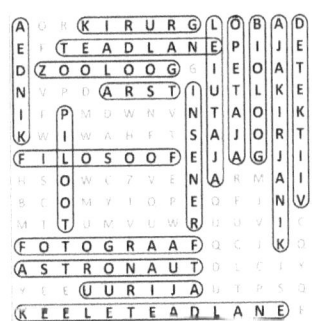

57 - Letteratura

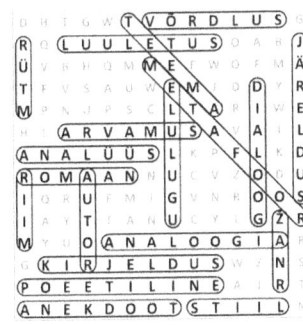

58 - Cibo #2

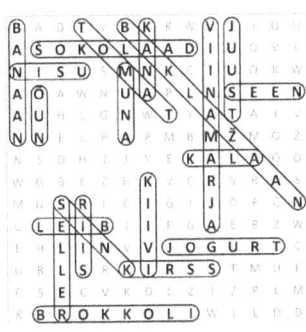

59 - Nutrizione

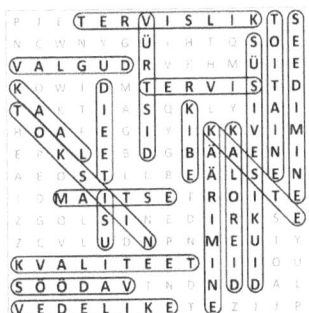

60 - Matematica

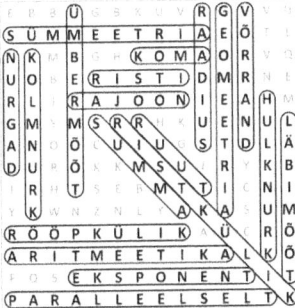

61 - Vacanza #1

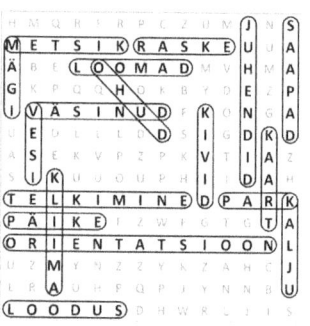

62 - Meditazione

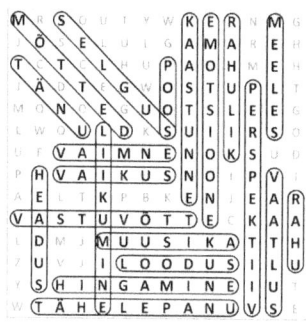

63 - Estate

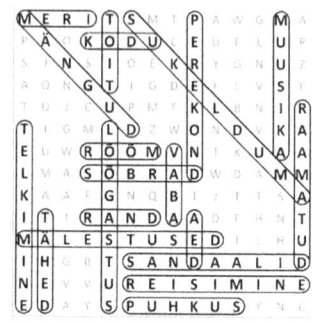

64 - Escursionismo

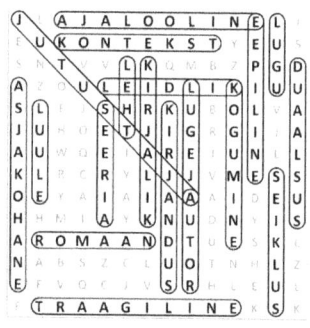

65 - Professioni #1

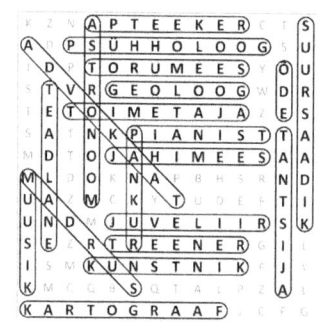

66 - Antartide

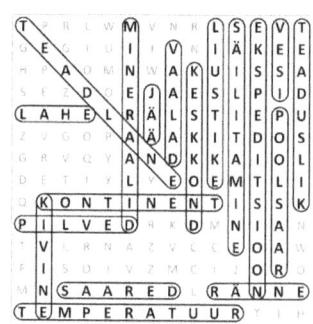

67 - Libri

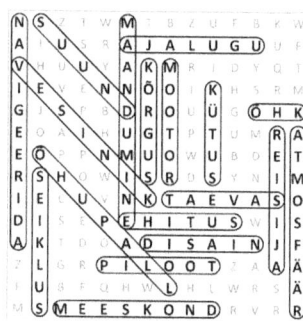

68 - Geografia

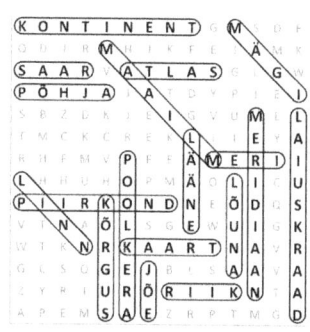

69 - Cibo #1

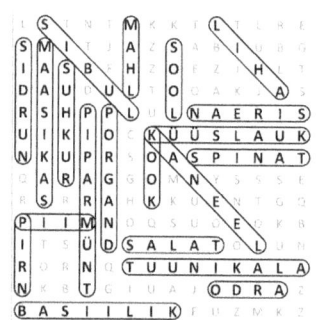

70 - Aeroplani

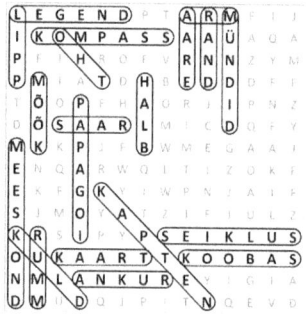

71 - Pirati

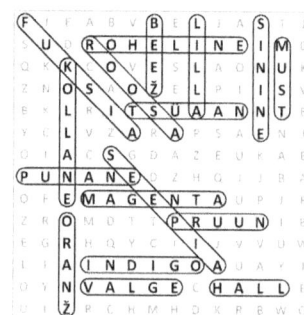

72 - Colori

73 - Spiaggia

74 - Avventura

75 - Forme

76 - Oceano

77 - Famiglia

78 - Veicoli

79 - Emozioni

80 - Natura

81 - Balletto

82 - Castelli

83 - Foresta Pluviale

84 - Edifici

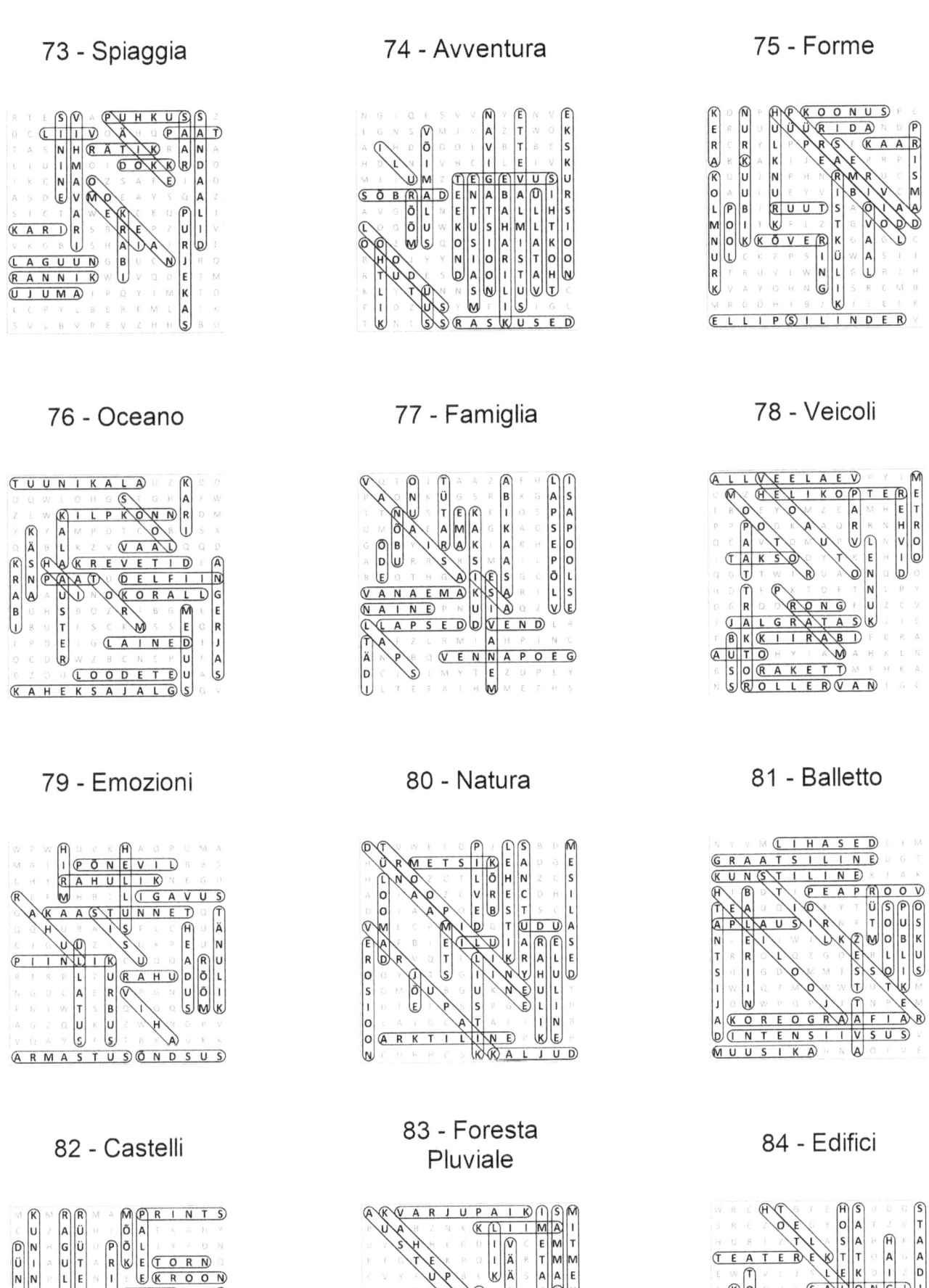

85 - Paesi #2

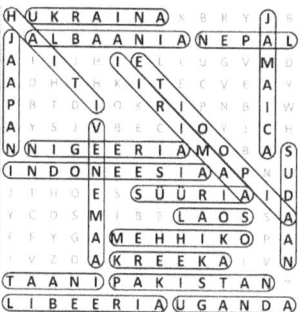

86 - Tipi di Capelli

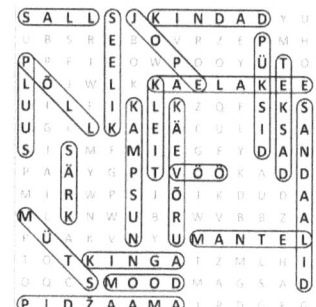

87 - Vestiti

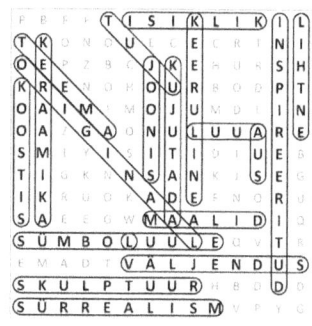

88 - Attività e Tempo Libero

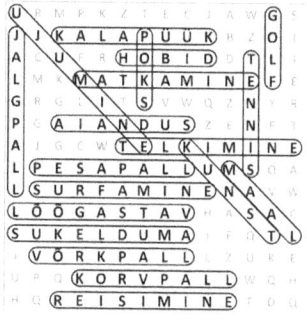

89 - Tecnologia

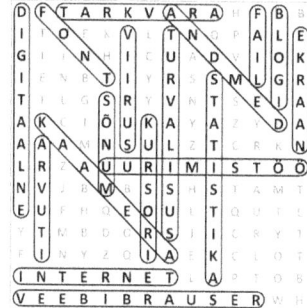

90 - Arte

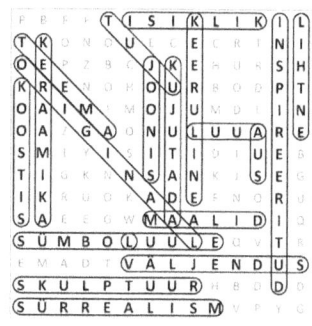

91 - Meteo

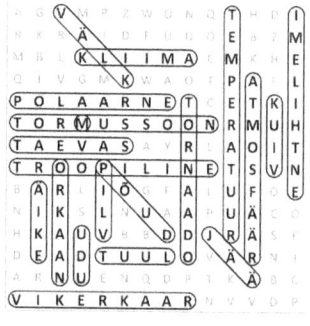

92 - Corpo Umano

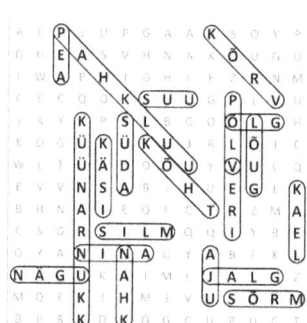

93 - Mammiferi

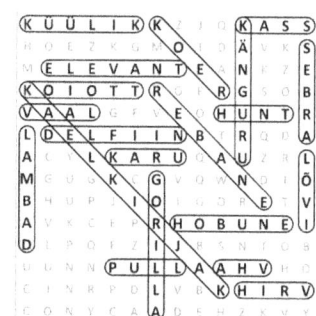

94 - Arrampicata

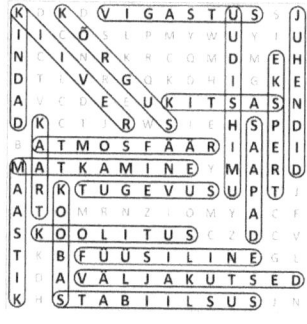

95 - Animali Domestici

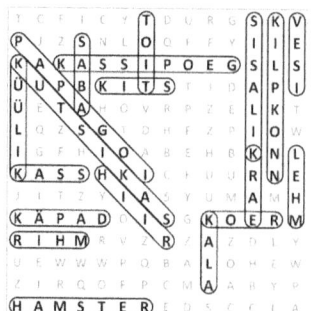

96 - Cucina

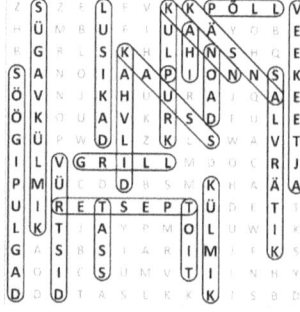

97 - Vacanze #2

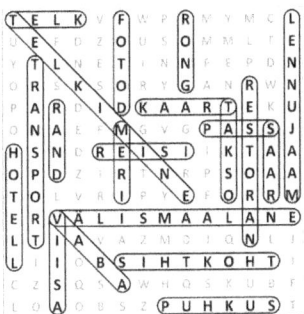

98 - Attività

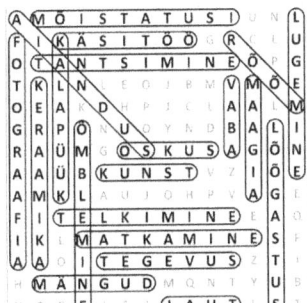

99 - Forniture Artistiche

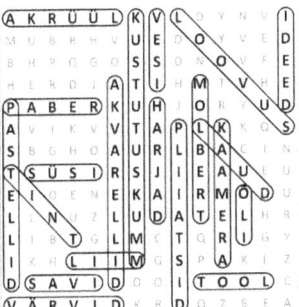

100 - Misurazioni

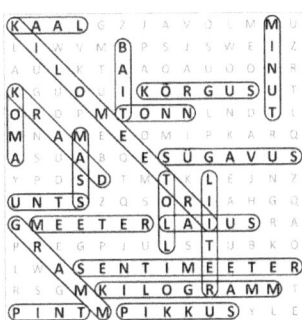

Dizionario

Acqua
Vesi

Alluvione	Üleujutus
Canale	Kanal
Doccia	Dušš
Evaporazione	Aurustumine
Fiume	Jõe
Gelo	Külm
Geyser	Geiser
Ghiaccio	Jää
Irrigazione	Niisutus
Lago	Järv
Monsone	Mussoon
Neve	Lumi
Oceano	Ookean
Onde	Lained
Pioggia	Vihma
Potabile	Joodav
Umidità	Niiskus
Umido	Niiske
Uragano	Orkaan
Vapore	Aur

Aeroplani
Lennukid

Altezza	Kõrgus
Aria	Õhk
Atmosfera	Atmosfäär
Atterraggio	Maandumine
Avventura	Seiklus
Carburante	Kütus
Cielo	Taevas
Costruzione	Ehitus
Design	Disain
Direzione	Suund
Discesa	Laskumine
Equipaggio	Meeskond
Idrogeno	Vesinik
Motore	Mootor
Navigare	Navigeerida
Palloncino	Õhupall
Passeggero	Reisija
Pilota	Piloot
Storia	Ajalugu
Turbolenza	Turbulents

Aggettivi #1
Omadussõnad #1

Aromatico	Aromaatne
Artistico	Kunstiline
Assoluto	Absoluutne
Attivo	Aktiivne
Esotico	Eksootiline
Felice	Õnnelik
Generoso	Helde
Giovane	Noor
Grande	Suur
Identico	Identne
Importante	Tähtis
Lento	Aeglane
Lungo	Pikk
Moderno	Kaasaegne
Onesto	Aus
Perfetto	Täiuslik
Pesante	Raske
Prezioso	Väärtuslik
Profondo	Sügav
Sottile	Õhuke

Aggettivi #2
Omadussõnad #2

Affamato	Näljane
Asciutto	Kuiv
Autentico	Autentne
Creativo	Loominguline
Descrittivo	Kirjeldav
Dolce	Magus
Drammatico	Dramaatiline
Elegante	Elegantne
Famoso	Kuulus
Forte	Tugev
Interessante	Huvitav
Naturale	Looduslik
Normale	Tavaline
Nuovo	Uus
Orgoglioso	Uhke
Produttivo	Produktiivne
Puro	Puhas
Responsabile	Vastutav
Salato	Soolane
Sano	Tervislik

Animali Domestici
Lemmikloomad

Acqua	Vesi
Cane	Koer
Capra	Kits
Cibo	Toit
Coda	Saba
Collare	Krae
Coniglio	Küülik
Criceto	Hamster
Cucciolo	Kutsikas
Gattino	Kassipoeg
Gatto	Kass
Guinzaglio	Rihm
Lucertola	Sisalik
Mucca	Lehm
Pappagallo	Papagoi
Pesce	Kala
Tartaruga	Kilpkonn
Topo	Hiir
Zampe	Käpad

Antartide
Antarktika

Acqua	Vesi
Ambiente	Keskkond
Baia	Lahe
Balene	Vaalad
Conservazione	Säilitamine
Continente	Kontinent
Geografia	Geograafia
Ghiacciai	Liustike
Ghiaccio	Jää
Isole	Saared
Migrazione	Ränne
Minerali	Mineraalid
Nuvole	Pilved
Penisola	Poolsaar
Ricercatore	Teadlane
Roccioso	Kivine
Scientifico	Teaduslik
Spedizione	Ekspeditsioon
Temperatura	Temperatuur
Topografia	Topograafia

Api
Mesilased

Ali	Tiivad
Alveare	Taru
Benefico	Kasulik
Cera	Vaha
Cibo	Toit
Diversità	Mitmekesisus
Ecosistema	Ökosüsteem
Fiori	Lilled
Fiorire	Õis
Frutta	Puuviljad
Fumo	Suits
Giardino	Aed
Habitat	Elupaik
Insetto	Putukas
Miele	Mesi
Piante	Taimed
Polline	Õietolm
Regina	Kuninganna
Sciame	Sülem
Sole	Päike

Arrampicata
Ronimine

Altitudine	Kõrgus
Atmosfera	Atmosfäär
Casco	Kiiver
Curiosità	Uudishimu
Escursioni	Matkamine
Esperto	Ekspert
Fisico	Füüsiline
Formazione	Koolitus
Forza	Tugevus
Grotta	Koobas
Guanti	Kindad
Guide	Juhendid
Lesione	Vigastus
Mappa	Kaart
Sfide	Väljakutsed
Stabilità	Stabiilsus
Stivali	Saapad
Stretto	Kitsas
Terreno	Maastik

Arte
Kunst

Ceramica	Keraamika
Complesso	Keeruline
Composizione	Koostis
Creare	Luua
Dipinti	Maalid
Espressione	Väljendus
Figura	Joonis
Ispirato	Inspireeritud
Onesto	Aus
Originale	Originaal
Personale	Isiklik
Poesia	Luule
Ritrarre	Kujutada
Scultura	Skulptuur
Semplice	Lihtne
Simbolo	Sümbol
Soggetto	Teema
Surrealismo	Sürrealism
Umore	Tuju
Visivo	Visuaalne

Arti Visive
Visuaalne Kunst

Architettura	Arhitektuur
Argilla	Savi
Artista	Kunstnik
Capolavoro	Meistriteos
Carbone	Süsi
Cavalletto	Molbert
Cera	Vaha
Ceramica	Keraamika
Composizione	Koostis
Creatività	Loovus
Film	Film
Fotografia	Foto
Gesso	Kriit
Matita	Pliiats
Pittura	Maali
Prospettiva	Perspektiiv
Ritratto	Portree
Scultura	Skulptuur
Stampino	Šabloon
Vernice	Lakk

Astronomia
Astronoomia

Asteroide	Asteroid
Astronauta	Astronaut
Astronomo	Astronoom
Cielo	Taevas
Cosmo	Kosmos
Costellazione	Tähtkuju
Equinozio	Pööripäev
Galassia	Galaktika
Gravità	Raskus
Luna	Kuu
Meteora	Meteoor
Nebulosa	Udukogu
Osservatorio	Tähelepanu
Pianeta	Planeet
Radiazione	Kiirgus
Razzo	Rakett
Supernova	Supernoova
Telescopio	Teleskoop
Terra	Maa
Universo	Universum

Attività
Tegevused

Abilità	Oskus
Arte	Kunst
Artigianato	Käsitöö
Attività	Tegevus
Caccia	Jaht
Campeggio	Telkimine
Ceramica	Keraamika
Cucire	Õmblemine
Danza	Tantsimine
Escursioni	Matkamine
Fotografia	Fotograafia
Giardinaggio	Aiandus
Giochi	Mängud
Lettura	Lugemine
Magia	Maagia
Pesca	Kalapüük
Piacere	Rõõm
Puzzle	Mõistatusi
Rilassamento	Lõõgastus
Tempo Libero	Vaba

Attività e Tempo Libero
Tegevused ja Vaba Aeg

Italiano	Eesti
Arte	Kunst
Baseball	Pesapall
Basket	Korvpall
Boxe	Poks
Calcio	Jalgpall
Campeggio	Telkimine
Escursioni	Matkamine
Giardinaggio	Aiandus
Golf	Golf
Hobby	Hobid
Immersione	Sukelduma
Nuoto	Ujumine
Pallavolo	Võrkpall
Pesca	Kalapüük
Pittura	Maal
Rilassante	Lõõgastav
Surf	Surfamine
Tennis	Tennis
Viaggio	Reisimine

Avventura
Seiklus

Amici	Sõbrad
Attività	Tegevus
Bellezza	Ilu
Caso	Võimalus
Destinazione	Sihtkoht
Difficoltà	Raskused
Entusiasmo	Entusiasm
Escursione	Ekskursioon
Gioia	Rõõm
Insolito	Ebaharilik
Itinerario	Teekond
Natura	Loodus
Navigazione	Navigatsioon
Nuovo	Uus
Pericoloso	Ohtlik
Preparazione	Ettevalmistus
Sfide	Väljakutsed
Sicurezza	Ohutus
Sorprendente	Üllatav

Balletto
Ballett

Abilità	Oskus
Applauso	Aplaus
Artistico	Kunstiline
Assolo	Soolo
Ballerina	Baleriin
Ballerini	Tantsijad
Compositore	Helilooja
Coreografia	Koreograafia
Gesto	Žest
Grazioso	Graatsiline
Intensità	Intensiivsus
Muscoli	Lihased
Musica	Muusika
Orchestra	Orkester
Pratica	Tava
Prova	Peaproov
Pubblico	Publik
Ritmo	Rütm
Stile	Stiil
Tecnica	Tehnika

Barbecue
Grillid

Caldo	Kuum
Cena	Õhtusöök
Cibo	Toit
Cipolle	Sibul
Coltelli	Noad
Estate	Suvi
Fame	Nälg
Famiglia	Perekond
Frutta	Puuviljad
Giochi	Mängud
Griglia	Grill
Insalate	Salatid
Invito	Kutse
Musica	Muusika
Pepe	Pipar
Pollo	Kana
Pomodori	Tomatid
Pranzo	Lõuna
Sale	Sool
Salsa	Kaste

Campeggio
Kämping

Alberi	Puud
Amaca	Võrkkiik
Animali	Loomad
Avventura	Seiklus
Bussola	Kompass
Cabina	Salongi
Caccia	Jaht
Canoa	Kanuu
Cappello	Müts
Corda	Köis
Divertimento	Lõbu
Foresta	Mets
Fuoco	Tulekahju
Insetto	Putukas
Lago	Järv
Luna	Kuu
Mappa	Kaart
Montagna	Mägi
Natura	Loodus
Tenda	Telk

Casa
Maja

Italiano	Eesti
Attico	Pööning
Biblioteca	Raamatukogu
Camera	Tuba
Camino	Kamin
Cucina	Köök
Doccia	Dušš
Finestra	Aken
Garage	Garaaž
Giardino	Aed
Lampada	Lamp
Parete	Sein
Pavimento	Põrand
Porta	Uks
Recinto	Tara
Rubinetto	Kraan
Scopa	Luud
Soffitto	Lagi
Specchio	Peegel
Tappeto	Vaip
Tetto	Katus

Castelli
Lossid

Italiano	Eesti
Armatura	Soodus
Catapulta	Ragulka
Cavaliere	Rüütel
Cavallo	Hobune
Corona	Kroon
Dinastia	Dünastia
Drago	Draakon
Feudale	Feodaalne
Fortezza	Linnus
Impero	Impeerium
Nobile	Üllas
Palazzo	Palee
Parete	Sein
Principe	Prints
Principessa	Printsess
Regno	Kuningriik
Scudo	Kilp
Spada	Mõõk
Torre	Torn
Unicorno	Ükssarvik

Cibo #1
Toit #1

Italiano	Eesti
Aglio	Küüslauk
Basilico	Basiilik
Cannella	Kaneel
Carne	Liha
Carota	Porgand
Cipolla	Sibul
Fragola	Maasikas
Insalata	Salat
Latte	Piim
Limone	Sidrun
Menta	Piparmünt
Orzo	Odra
Pera	Pirn
Rapa	Naeris
Sale	Sool
Spinaci	Spinat
Succo	Mahl
Tonno	Tuunikala
Torta	Kook
Zucchero	Suhkur

Cibo #2
Toit #2

Italiano	Eesti
Banana	Banaan
Broccolo	Brokkoli
Ciliegia	Kirss
Cioccolato	Šokolaad
Formaggio	Juust
Fungo	Seen
Grano	Nisu
Kiwi	Kiivi
Mela	Õun
Melanzana	Baklažaan
Pane	Leib
Pesce	Kala
Pollo	Kana
Pomodoro	Tomat
Prosciutto	Sink
Riso	Riis
Sedano	Seller
Uovo	Muna
Uva	Viinamarja
Yogurt	Jogurt

Cioccolato
Šokolaad

Italiano	Eesti
Amaro	Kibe
Antiossidante	Antioksüdant
Arachidi	Maapähklid
Aroma	Aroom
Artigianale	Käsitöö
Cacao	Kakao
Calorie	Kaloreid
Caramella	Kommid
Caramello	Karamell
Delizioso	Maitsev
Dolce	Magus
Esotico	Eksootiline
Gusto	Maitse
Ingrediente	Koostisosa
Noce di Cocco	Kookospähkel
Polvere	Pulber
Preferito	Lemmik
Qualità	Kvaliteet
Ricetta	Retsept
Zucchero	Suhkur

Circo
Tsirkus

Italiano	Eesti
Acrobata	Akrobaat
Animali	Loomad
Biglietto	Pilet
Caramella	Kommid
Clown	Kloun
Costume	Kostüüm
Elefante	Elevant
Giocoliere	Juggler
Leone	Lõvi
Magia	Maagia
Mago	Mustkunstnik
Mostrare	Näita
Musica	Muusika
Palloncini	Õhupallid
Parata	Paraad
Scimmia	Ahv
Spettatore	Pealtvaataja
Tenda	Telk
Tigre	Tiiger
Trucco	Trikk

Città
Linn

Italiano	Eesti
Aeroporto	Lennujaam
Banca	Pank
Biblioteca	Raamatukogu
Cinema	Kino
Clinica	Kliinik
Farmacia	Apteek
Fiorista	Lillepood
Galleria	Galerii
Hotel	Hotell
Libreria	Raamatupood
Mercato	Turg
Museo	Muuseum
Negozio	Kauplus
Panetteria	Pagaritöö
Scuola	Kool
Stadio	Staadion
Supermercato	Supermarket
Teatro	Teater
Università	Ülikool
Zoo	Loomaaed

Colori
Värvid

Arancia	Oranž
Beige	Beež
Bianco	Valge
Blu	Sinine
Ciano	Tsüaan
Fucsia	Fuksia
Giallo	Kollane
Grigio	Hall
Indaco	Indigo
Magenta	Magenta
Marrone	Pruun
Nero	Must
Rosa	Roosa
Rosso	Punane
Seppia	Seepia
Verde	Roheline
Viola	Lilla

Compleanno
Sünnipäev

Amici	Sõbrad
Anno	Aasta
Calendario	Kalender
Candele	Küünlad
Canzone	Laul
Carte	Kaardid
Celebrazione	Pidu
Divertimento	Lõbu
Felice	Õnnelik
Gioioso	Rõõmsa
Giorno	Päev
Giovane	Noor
Grande	Suurepärane
Inviti	Kutsed
Nato	Sündinud
Regalo	Kingitus
Saggezza	Tarkus
Speciale	Eriline
Tempo	Aeg
Torta	Kook

Corpo Umano
Inimkeha

Bocca	Suu
Caviglia	Pahkluu
Cervello	Aju
Collo	Kael
Cuore	Süda
Dito	Sõrm
Faccia	Nägu
Gamba	Jalg
Ginocchio	Põlv
Gomito	Küünarnukk
Mano	Käsi
Mento	Lõug
Naso	Nina
Occhio	Silm
Orecchio	Kõrv
Pelle	Nahk
Sangue	Veri
Spalla	Õlg
Stomaco	Kõht
Testa	Pea

Cucina
Köök

Bacchette	Söögipulgad
Bollitore	Veekeetja
Brocca	Kann
Cibo	Toit
Ciotola	Kauss
Coltelli	Noad
Congelatore	Sügavkülmik
Cucchiai	Lusikad
Forchette	Kahvlid
Forno	Ahi
Frigorifero	Külmik
Grembiule	Põll
Griglia	Grill
Mestolo	Kulp
Ricetta	Retsept
Spezie	Vürtsid
Spugna	Käsna
Tazze	Tass
Tovagliolo	Salvrätik
Vaso	Purk

Danza
Tants

Accademia	Akadeemia
Arte	Kunst
Classico	Klassikaline
Compagno	Partner
Coreografia	Koreograafia
Corpo	Keha
Cultura	Kultuur
Culturale	Kultuuriline
Emozione	Emotsioon
Gioioso	Rõõmsa
Grazia	Armu
Movimento	Liikumine
Musica	Muusika
Postura	Poos
Prova	Peaproov
Ritmo	Rütm
Visivo	Visuaalne

Dinosauri
Dinosaurused

Ali	Tiivad
Carnivoro	Lihasööja
Coda	Saba
Enorme	Tohutu
Erbivoro	Taimtoiduline
Evoluzione	Evolutsioon
Fossili	Fossiilid
Grande	Suur
Mammut	Mammut
Onnivoro	Omnivoor
Potente	Võimas
Preda	Saak
Preistorico	Eelajalooline
Rapace	Raptor
Rettile	Roomaja
Scomparsa	Kadumine
Specie	Liik
Taglia	Suurus
Terra	Maa
Vizioso	Julm

Discipline Scientifiche
Teaduslikud Distsipliinid

Anatomia	Anatoomia
Archeologia	Arheoloogia
Astronomia	Astronoomia
Biochimica	Biokeemia
Biologia	Bioloogia
Botanica	Botaanika
Chimica	Keemia
Ecologia	Ökoloogia
Fisiologia	Füsioloogia
Geologia	Geoloogia
Immunologia	Immunoloogia
Linguistica	Keeleteadus
Meccanica	Mehaanika
Meteorologia	Meteoroloogia
Mineralogia	Mineraloogia
Neurologia	Neuroloogia
Nutrizione	Toitumine
Psicologia	Psühholoogia
Sociologia	Sotsioloogia
Zoologia	Zooloogia

Ecologia
Ökoloogia

Clima	Kliima
Comunità	Kogukonnad
Diversità	Mitmekesisus
Fauna	Loomastik
Flora	Floora
Globale	Globaalne
Habitat	Elupaik
Marino	Mere
Natura	Loodus
Naturale	Looduslik
Palude	Marsh
Piante	Taimed
Risorse	Ressursse
Siccità	Põud
Sopravvivenza	Ellujäämine
Specie	Liik
Vegetazione	Taimestik
Volontari	Vabatahtlikud

Edifici
Hooned

Ambasciata	Saatkond
Appartamento	Korter
Cabina	Salongi
Castello	Loss
Cinema	Kino
Fabbrica	Tehas
Fienile	Ait
Hotel	Hotell
Laboratorio	Labor
Museo	Muuseum
Ospedale	Haigla
Osservatorio	Tähelepanu
Ostello	Hostel
Scuola	Kool
Stadio	Staadion
Supermercato	Supermarket
Teatro	Teater
Tenda	Telk
Torre	Torn
Università	Ülikool

Emozioni
Emotsioonid

Amore	Armastus
Beatitudine	Õndsus
Calma	Rahulik
Contenuto	Sisu
Eccitato	Põnevil
Gentilezza	Headus
Gioia	Rõõm
Grato	Tänulik
Imbarazzato	Piinlik
Noia	Igavus
Pace	Rahu
Paura	Hirm
Rabbia	Viha
Simpatia	Kaastunnet
Soddisfatto	Rahul
Sorpresa	Üllatus
Tenerezza	Hellus
Tristezza	Kurbus

Erboristeria
Herbalism

Aglio	Küüslauk
Aneto	Till
Aromatico	Aromaatne
Basilico	Basiilik
Culinario	Kulinaar
Dragoncello	Estragon
Finocchio	Apteegitill
Fiore	Lill
Giardino	Aed
Ingrediente	Koostisosa
Lavanda	Lavendel
Maggiorana	Marjoram
Menta	Piparmunt
Origano	Pune
Prezzemolo	Petersell
Qualità	Kvaliteet
Rosmarino	Rosmariin
Timo	Liivatee
Verde	Roheline
Zafferano	Safran

Escursionismo
Matkamine

Acqua	Vesi
Animali	Loomad
Campeggio	Telkimine
Clima	Kliima
Guide	Juhendid
Mappa	Kaart
Montagna	Mägi
Natura	Loodus
Orientamento	Orientatsioon
Parchi	Park
Pericoli	Ohud
Pesante	Raske
Pietre	Kivid
Preparazione	Ettevalmistus
Scogliera	Kalju
Selvaggio	Metsik
Sole	Päike
Stanco	Väsinud
Stivali	Saapad
Vertice	Tippkohtumine

Esplorazione
Exploration

Animali	Loomad
Attività	Tegevus
Coraggio	Julgus
Culture	Kultuurid
Determinazione	Määramine
Eccitazione	Põnevus
Esaurimento	Väsimus
Lingua	Keel
Nuovo	Uus
Pericoli	Ohud
Pericoloso	Ohtlik
Sconosciuto	Tundmatu
Scoperta	Avastus
Selvaggio	Metsik
Spazio	Ruum
Terreno	Maastik
Viaggio	Reisimine

Estate
Suvi

Amici	Sõbrad
Campeggio	Telkimine
Casa	Kodu
Cibo	Toit
Famiglia	Perekond
Giardino	Aed
Giochi	Mängud
Gioia	Rõõm
Immersione	Sukelduma
Libri	Raamatud
Mare	Meri
Musica	Muusika
Ricordi	Mälestused
Rilassamento	Lõõgastus
Sandali	Sandaalid
Spiaggia	Rand
Stelle	Tähed
Tempo Libero	Vaba
Vacanza	Puhkus
Viaggio	Reisimine

Famiglia
Perekond

Antenato	Esivanem
Bambini	Lapsed
Bambino	Laps
Cugino	Nõbu
Figlia	Tütar
Fratello	Vend
Gemelli	Kaksikud
Infanzia	Lapsepõlv
Madre	Ema
Marito	Abikaasa
Moglie	Naine
Nipote	Vennapoeg
Nonna	Vanaema
Nonno	Vanaisa
Padre	Isa
Paterno	Isapoolse
Sorella	Õde
Zia	Tädi
Zio	Onu

Fantascienza
Ulme

Atomico	Aatomi
Cinema	Kino
Distopia	Düstoopia
Esplosione	Plahvatus
Estremo	Äärmuslik
Fantastico	Fantastiline
Fuoco	Tulekahju
Futuristico	Futuristlik
Galassia	Galaktika
Illusione	Illusioon
Immaginario	Kujuteldav
Libri	Raamatud
Misterioso	Salapärane
Mondo	Maailm
Oracolo	Oraakel
Pianeta	Planeet
Realistico	Realistlik
Robot	Robotid
Tecnologia	Tehnoloogia
Utopia	Utoopia

Fattoria #1
Talu #1

Acqua	Vesi
Agricoltura	Põllumajandus
Ape	Mesilane
Asino	Eesel
Campo	Põld
Cane	Koer
Capra	Kits
Cavallo	Hobune
Fertilizzante	Väetis
Fieno	Hein
Gatto	Kass
Gregge	Karja
Maiale	Siga
Miele	Mesi
Mucca	Lehm
Pollo	Kana
Recinto	Tara
Riso	Riis
Semi	Seemned
Vitello	Vasikas

Fattoria #2
Talu #2

Agnello	Lambaliha
Agricoltore	Talunik
Alveare	Mesitaru
Anatra	Part
Animali	Loomad
Cibo	Toit
Fienile	Ait
Frutta	Puuviljad
Frutteto	Viljapuuaed
Grano	Nisu
Irrigazione	Niisutus
Lama	Laama
Latte	Piim
Mais	Mais
Oche	Hane
Orzo	Odra
Pastore	Karjane
Pecora	Lambad
Prato	Niit
Trattore	Traktor

Fiori
Lilled

Gardenia	Gardeenia
Gelsomino	Jasmiin
Giglio	Liilia
Girasole	Päevalill
Ibisco	Hibisk
Lavanda	Lavendel
Lilla	Lilla
Magnolia	Magnoolia
Margherita	Daisy
Mazzo	Kimp
Narciso	Nartsiss
Orchidea	Orhidee
Papavero	Unimagun
Passiflora	Kannatuslill
Peonia	Pojeng
Petalo	Kroonleht
Plumeria	Plumeria
Rosa	Roos
Trifoglio	Ristik
Tulipano	Tulbi

Foresta Pluviale
Vihmametsade

Anfibi	Kahepaiksed
Botanico	Botaaniline
Clima	Kliima
Comunità	Kogukond
Diversità	Mitmekesisus
Giungla	Džungel
Indigeno	Põlisrahvaste
Insetti	Putukad
Mammiferi	Imetajad
Muschio	Sammal
Natura	Loodus
Nuvole	Pilved
Preservazione	Säilitamine
Prezioso	Väärtuslik
Restauro	Taastamine
Rifugio	Varjupaik
Rispetto	Austus
Sopravvivenza	Ellujäämine
Specie	Liik
Uccelli	Linnud

Forme
Kujundid

Angolo	Nurk
Arco	Kaar
Bordi	Servad
Cerchio	Ring
Cilindro	Silinder
Cono	Koonus
Cubo	Kuubik
Curva	Kõver
Ellisse	Ellips
Iperbole	Hüperbool
Lato	Pool
Linea	Rida
Ovale	Ovaal
Piramide	Püramiid
Poligono	Hulknurk
Prisma	Prisma
Quadrato	Ruut
Rettangolo	Ristkülik
Sfera	Kera
Triangolo	Kolmnurk

Forniture Artistiche
Kunstitarbed

Acqua	Vesi
Acquerelli	Akvarellid
Acrilico	Akrüül
Argilla	Savi
Carbone	Süsi
Carta	Paber
Cavalletto	Molbert
Colla	Liim
Colori	Värvid
Creatività	Loovus
Gomma	Kustutuskumm
Idee	Ideed
Inchiostro	Tint
Matite	Pliiatsid
Olio	Õli
Pastelli	Pastellid
Sedia	Tool
Spazzole	Harjad
Tavolo	Laud
Telecamera	Kaamera

Frutta
Puuviljad

Albicocca	Aprikoos
Ananas	Ananass
Arancia	Oranž
Avocado	Avokaado
Bacca	Mari
Banana	Banaan
Ciliegia	Kirss
Kiwi	Kiivi
Lampone	Vaarikas
Limone	Sidrun
Mango	Mango
Mela	Õun
Melone	Melon
Mora	Murakas
Nettarina	Nektariin
Papaia	Papaia
Pera	Pirn
Pesca	Virsik
Prugna	Ploom
Uva	Viinamarja

Gatti
Kassid

Affettuoso	Hell
Artiglio	Küünis
Cacciatore	Jahimees
Coda	Saba
Curioso	Uudishimulik
Divertente	Naljakas
Dormire	Magama
Filo	Lõng
Giocoso	Mänguline
Indipendente	Iseseisev
Pazzo	Hull
Pelliccia	Karusnaha
Personalità	Isiksus
Poco	Vähe
Selvaggio	Metsik
Timido	Häbelik
Topo	Hiir
Veloce	Kiire
Zampa	Käpa

Gentilezza
Headus

Affettuoso	Hell
Affidabile	Usaldusväärne
Amichevole	Sõbralik
Amorevole	Armastav
Attento	Tähelepanelik
Compassionevole	Kaastundlik
Comprensione	Mõistmine
Dolce	Õrn
Felice	Õnnelik
Generoso	Helde
Genuino	Ehtne
Onesto	Aus
Ospitale	Külalislahke
Paziente	Patsient
Ricettivo	Vastuvõtlik
Rispettoso	Lugupidav
Tollerante	Salliv
Utile	Abivalmis

Geografia
Geograafia

Altitudine	Kõrgus
Atlante	Atlas
Città	Linn
Continente	Kontinent
Emisfero	Poolkera
Fiume	Jõe
Isola	Saar
Latitudine	Laiuskraad
Longitudine	Pikkuskraad
Mappa	Kaart
Mare	Meri
Meridiano	Meridiaan
Mondo	Maailm
Montagna	Mägi
Nord	Põhja
Ovest	Lääne
Paese	Riik
Regione	Piirkond
Sud	Lõuna
Territorio	Territoorium

Geologia
Geoloogia

Acido	Hape
Altopiano	Platoo
Calcio	Kaltsium
Caverna	Koobas
Continente	Kontinent
Corallo	Korall
Cristalli	Kristallid
Erosione	Erosioon
Fossile	Fossiil
Geyser	Geiser
Lava	Lava
Minerali	Mineraalid
Pietra	Kivi
Quarzo	Kvarts
Sale	Sool
Stalagmiti	Stalagmiidid
Stalattite	Stalaktiit
Strato	Kiht
Terremoto	Maavärin
Vulcano	Vulkaan

Giardino
Aed

Albero	Puu
Amaca	Võrkkiik
Cespuglio	Põõsas
Erba	Muru
Erbacce	Umbrohi
Fiore	Lill
Frutteto	Viljapuuaed
Garage	Garaaž
Giardino	Aed
Pala	Kühvel
Panca	Pink
Portico	Veranda
Rastrello	Reha
Recinto	Tara
Stagno	Tiik
Suolo	Muld
Terrazza	Terrass
Trampolino	Batuut
Tubo	Voolik
Vite	Viinapuu

Giocattoli
Mänguasjad

Aereo	Lennuk
Aquilone	Lohe
Argilla	Savi
Artigianato	Käsitöö
Auto	Auto
Bambola	Nukk
Barca	Paat
Batteria	Trummid
Bicicletta	Jalgratas
Camion	Veoauto
Giochi	Mängud
Immaginazione	Kujutlusvõime
Libri	Raamatud
Palla	Pall
Preferito	Lemmik
Puzzle	Puzzle
Robot	Robot
Scacchi	Male
Treno	Rong
Vernici	Värvid

Giorni e Mesi
Päevad ja Kuud

Agosto	August
Anno	Aasta
Aprile	Aprill
Calendario	Kalender
Dicembre	Detsember
Domenica	Pühapäev
Febbraio	Veebruar
Gennaio	Jaanuar
Giugno	Juuni
Luglio	Juuli
Lunedì	Esmaspäev
Martedì	Teisipäev
Mercoledì	Kolmapäev
Mese	Kuu
Novembre	November
Ottobre	Oktoober
Sabato	Laupäev
Settembre	September
Settimana	Nädal
Venerdì	Reede

Guida
Sõitmine

Auto	Auto
Autobus	Buss
Carburante	Kütus
Freni	Pidurid
Garage	Garaaž
Gas	Gaas
Incidente	Õnnetus
Licenza	Litsents
Mappa	Kaart
Moto	Mootorratas
Motore	Mootor
Pedonale	Jalakäija
Pericolo	Oht
Polizia	Politsei
Sicurezza	Ohutus
Strada	Tee
Traffico	Liiklus
Trasporto	Transport
Tunnel	Tunnel
Velocità	Kiirus

Imbarcazioni
Paadid

Albero	Mast
Ancora	Ankur
Barca a Vela	Purjekas
Boa	Poi
Canoa	Kanuu
Corda	Köis
Equipaggio	Meeskond
Fiume	Jõe
Kayak	Süsta
Lago	Järv
Mare	Meri
Marea	Tõusulaine
Marinaio	Madrus
Motore	Mootor
Nautico	Mered
Oceano	Ookean
Onde	Lained
Traghetto	Praam
Yacht	Jaht
Zattera	Parv

Insetti
Putukad

Afide	Lehetäide
Ape	Mesilane
Calabrone	Vapsik
Cavalletta	Rohutirts
Cicala	Cicada
Coccinella	Lepatriinu
Coleottero	Mardikas
Farfalla	Liblikas
Formica	Sipelgas
Larva	Vastne
Libellula	Kiil
Locusta	Jaanileivapuu
Mantide	Mantis
Pulce	Kirbu
Scarafaggio	Prussakas
Termite	Termiit
Verme	Uss
Vespa	Herilane
Zanzara	Sääsk

Letteratura
Kirjandus

Analisi	Analüüs
Analogia	Analoogia
Aneddoto	Anekdoot
Autore	Autor
Biografia	Elulugu
Conclusione	Järeldus
Confronto	Võrdlus
Descrizione	Kirjeldus
Dialogo	Dialoog
Genere	Žanr
Metafora	Metafoor
Opinione	Arvamus
Poesia	Luuletus
Poetico	Poeetiline
Rima	Riim
Ritmo	Rütm
Romanzo	Romaan
Stile	Stiil
Tema	Teema
Tragedia	Tragöödia

Libri
Raamatud

Autore	Autor
Avventura	Seiklus
Collezione	Kogumine
Contesto	Kontekst
Dualità	Duaalsus
Epico	Eepiline
Inventivo	Leidlik
Letterario	Kirjandus
Lettore	Lugeja
Narratore	Jutustaja
Pagina	Leht
Poesia	Luule
Rilevante	Asjakohane
Romanzo	Romaan
Scritto	Kirjalik
Serie	Seeria
Storia	Lugu
Storico	Ajalooline
Tragico	Traagiline
Umoristico	Humoorikas

Mammiferi
Imetajad

Balena	Vaal
Cane	Koer
Canguro	Känguru
Cavallo	Hobune
Cervo	Hirv
Coniglio	Küülik
Coyote	Koiott
Delfino	Delfiin
Elefante	Elevant
Gatto	Kass
Giraffa	Kaelkirjak
Gorilla	Gorilla
Leone	Lõvi
Lupo	Hunt
Orso	Karu
Pecora	Lambad
Scimmia	Ahv
Toro	Pull
Volpe	Rebane
Zebra	Sebra

Matematica
Matemaatika

Angoli	Nurgad
Aritmetica	Aritmeetika
Decimale	Koma
Diametro	Läbimõõt
Divisione	Rajoon
Equazione	Võrrand
Esponente	Eksponent
Frazione	Fraktsioon
Geometria	Geomeetria
Parallelo	Paralleelselt
Parallelogramma	Rööpkülik
Perimetro	Ümbermõõt
Perpendicolare	Risti
Poligono	Hulknurk
Quadrato	Ruut
Raggio	Raadius
Rettangolo	Ristkülik
Simmetria	Sümmeetria
Somma	Summa
Triangolo	Kolmnurk

Meditazione
Meditatsioon

Accettazione	Vastuvõtt
Attenzione	Tähelepanu
Calma	Rahulik
Chiarezza	Selgus
Compassione	Kaastunne
Emozioni	Emotsioone
Gentilezza	Headus
Gratitudine	Tänu
Mentale	Vaimne
Mente	Meeles
Movimento	Liikumine
Musica	Muusika
Natura	Loodus
Osservazione	Vaatlus
Pace	Rahu
Pensieri	Mõtted
Postura	Poos
Prospettiva	Perspektiiv
Respirazione	Hingamine
Silenzio	Vaikus

Meteo
Ilm

Arcobaleno	Vikerkaar
Asciutto	Kuiv
Atmosfera	Atmosfäär
Brezza	Imelihtne
Cielo	Taevas
Clima	Kliima
Fulmine	Välk
Ghiaccio	Jää
Monsone	Mussoon
Nebbia	Udu
Nube	Pilv
Polare	Polaarne
Siccità	Põud
Temperatura	Temperatuur
Tempesta	Torm
Tornado	Tornaado
Tropicale	Troopiline
Tuono	Äike
Uragano	Orkaan
Vento	Tuul

Misurazioni
Mõõtmised

Altezza	Kõrgus
Byte	Bait
Centimetro	Sentimeeter
Chilogrammo	Kilogramm
Chilometro	Kilomeetri
Decimale	Koma
Grado	Kraad
Grammo	Gramm
Larghezza	Laius
Litro	Liiter
Lunghezza	Pikkus
Massa	Mass
Metro	Meeter
Minuto	Minut
Oncia	Unts
Peso	Kaal
Pinta	Pint
Pollice	Toll
Profondità	Sügavus
Tonnellata	Tonn

Mitologia
Mütoloogia

Archetipo	Arhetüüp
Comportamento	Käitumine
Creatura	Olend
Creazione	Loomine
Cultura	Kultuur
Disastro	Katastroof
Divinità	Jumalused
Eroe	Kangelane
Forza	Tugevus
Fulmine	Välk
Gelosia	Armukadedus
Guerriero	Sõdalane
Immortalità	Surematus
Labirinto	Labürint
Leggenda	Legend
Magico	Maagiline
Mortale	Surelik
Mostro	Koletis
Tuono	Kõu
Vendetta	Kättemaks

Mobili
Mööbel

Amaca	Võrkkiik
Armoire	Armoire
Cuscini	Padjad
Cuscino	Padi
Divano	Diivan
Futon	Futon
Lampada	Lamp
Letto	Voodi
Materasso	Madrats
Panca	Pink
Poltrona	Tugitool
Scaffali	Riiulid
Scrivania	Laud
Sedia	Tool
Specchio	Peegel
Tappeto	Vaip
Tende	Kardinad

Natura
Iseloom

Animali	Loomad
Api	Mesilased
Artico	Arktiline
Bellezza	Ilu
Deserto	Kõrb
Dinamico	Dünaamiline
Erosione	Erosioon
Fiume	Jõe
Fogliame	Lehestik
Foresta	Mets
Ghiacciaio	Liustik
Nebbia	Udu
Nuvole	Pilved
Rifugio	Varjupaik
Santuario	Sanctuary
Scogliere	Kaljud
Selvaggio	Metsik
Sereno	Rahulik
Tropicale	Troopiline
Vitale	Eluline

Numeri
Numbrid

Cinque	Viis
Decimale	Koma
Diciannove	Üheksateist
Diciassette	Seitseteist
Diciotto	Kaheksateist
Dieci	Kümme
Dodici	Kaksteist
Due	Kaks
Nove	Üheksa
Otto	Kaheksa
Quattordici	Neliteist
Quattro	Neli
Quindici	Viisteist
Sedici	Kuusteist
Sei	Kuus
Sette	Seitse
Tre	Kolm
Tredici	Kolmteist
Venti	Kakskümmend
Zero	Null

Nutrizione
Toitumine

Amaro	Kibe
Appetito	Isu
Calorie	Kaloreid
Carboidrati	Süsivesikuid
Commestibile	Söödav
Dieta	Dieet
Digestione	Seedimine
Fermentazione	Käärimine
Gusto	Maitse
Liquidi	Vedelike
Nutriente	Toitaine
Peso	Kaal
Proteine	Valgud
Qualità	Kvaliteet
Salsa	Kaste
Salute	Tervis
Sano	Tervislik
Spezie	Vürtsid
Tossina	Toksiin
Vitamina	Vitamiin

Oceano
Ookean

Anguilla	Angerjas
Balena	Vaal
Barca	Paat
Corallo	Korall
Delfino	Delfiin
Gamberetto	Krevetid
Granchio	Krabi
Maree	Loodete
Medusa	Meduus
Onde	Lained
Ostrica	Auster
Pesce	Kala
Polpo	Kaheksajalg
Sale	Sool
Scogliera	Kari
Spugna	Käsna
Squalo	Hai
Tartaruga	Kilpkonn
Tempesta	Torm
Tonno	Tuunikala

Paesaggi
Maastikud

Cascata	Juga
Collina	Mäe
Deserto	Kõrb
Fiume	Jõe
Geyser	Geiser
Ghiacciaio	Liustik
Grotta	Koobas
Iceberg	Jäämägi
Isola	Saar
Lago	Järv
Mare	Meri
Montagna	Mägi
Oasi	Oaas
Oceano	Ookean
Palude	Soo
Penisola	Poolsaar
Spiaggia	Rand
Tundra	Tundra
Valle	Org
Vulcano	Vulkaan

Paesi #2
Riigid #2

Albania	Albaania
Danimarca	Taani
Etiopia	Etioopia
Giamaica	Jamaica
Giappone	Jaapan
Grecia	Kreeka
Haiti	Haiti
Indonesia	Indoneesia
Irlanda	Iirimaa
Laos	Laos
Liberia	Libeeria
Messico	Mehhiko
Ncpal	Nepal
Nigeria	Nigeeria
Pakistan	Pakistan
Russia	Venemaa
Siria	Süüria
Sudan	Sudaan
Ucraina	Ukraina
Uganda	Uganda

Pesca
Kalapüük

Acqua	Vesi
Attrezzatura	Varustus
Barca	Paat
Branchie	Lõpused
Cesto	Korv
Cucinare	Kokk
Esagerazione	Liialdus
Esca	Sööt
Filo	Traat
Fiume	Jõe
Gancio	Konks
Lago	Järv
Mascella	Lõualuu
Oceano	Ookean
Pazienza	Kannatlikkust
Peso	Kaal
Pinne	Uimed
Spiaggia	Rand
Stagione	Hooaeg

Piante
Taimed

Albero	Puu
Bacca	Mari
Bambù	Bambus
Botanica	Botaanika
Cactus	Kaktus
Cespuglio	Põõsas
Crescere	Kasvama
Edera	Luuderohi
Erba	Muru
Fagiolo	Uba
Fertilizzante	Väetis
Fiore	Lill
Flora	Floora
Fogliame	Lehestik
Foresta	Mets
Giardino	Aed
Muschio	Sammal
Petalo	Kroonleht
Radice	Juur
Vegetazione	Taimestik

Pirati
Piraadid

Ancora	Ankur
Avventura	Seiklus
Bandiera	Lipp
Bussola	Kompass
Capitano	Kapten
Cattivo	Halb
Cicatrice	Arm
Equipaggio	Meeskond
Grotta	Koobas
Isola	Saar
Leggenda	Legend
Mappa	Kaart
Monete	Mündid
Oro	Kuld
Pappagallo	Papagoi
Pericolo	Oht
Rum	Rumm
Spada	Mõõk
Spiaggia	Rand
Tesoro	Aare

Professioni #1
Ametialad #1

Allenatore	Treener
Ambasciatore	Suursaadik
Artista	Kunstnik
Astronomo	Astronoom
Avvocato	Advokaat
Ballerino	Tantsija
Banchiere	Pankur
Cacciatore	Jahimees
Cartografo	Kartograaf
Editore	Toimetaja
Farmacista	Apteeker
Geologo	Geoloog
Gioielliere	Juveliir
Idraulico	Torumees
Infermiera	Õde
Marinaio	Madrus
Musicista	Muusik
Pianista	Pianist
Psicologo	Psühholoog
Scienziato	Teadlane

Professioni #2
Ametialad #2

Astronauta	Astronaut
Biologo	Bioloog
Chirurgo	Kirurg
Dentista	Hambaarst
Detective	Detektiiv
Filosofo	Filosoof
Fotografo	Fotograaf
Giardiniere	Aednik
Giornalista	Ajakirjanik
Illustratore	Illustraator
Ingegnere	Insener
Insegnante	Õpetaja
Inventore	Leiutaja
Investigatore	Uurija
Linguista	Keeleteadlane
Medico	Arst
Pilota	Piloot
Pittore	Maalikunstnik
Ricercatore	Teadlane
Zoologo	Zooloog

Riempire
Täitmiseks

Barile	Tünn
Borsa	Kott
Bottiglia	Pudel
Busta	Ümbrik
Cartella	Kausta
Cartone	Karp
Cassa	Kasti
Cassetto	Sahtel
Cesto	Korv
Nave	Laev
Pacchetto	Paket
Scatola	Kast
Secchio	Ämber
Tasca	Tasku
Tubo	Toru
Valigia	Kohver
Vasca	Vann
Vaso	Vaas
Vassoio	Salv

Ristorante #1
Restoran #1

Allergia	Allergia
Caffè	Kohv
Cameriera	Ettekandja
Carne	Liha
Cassiere	Kassast
Cibo	Toit
Ciotola	Kauss
Coltello	Nuga
Cucina	Köök
Dessert	Magustoit
Ingredienti	Koostisosad
Mangiare	Süüa
Menù	Menüü
Pane	Leib
Piatto	Plaat
Piccante	Vürtsikas
Pollo	Kana
Salsa	Kaste
Tovagliolo	Salvrätik

Ristorante #2
Restoran #2

Acqua	Vesi
Aperitivo	Eelroa
Bevanda	Jook
Cameriere	Kelner
Cena	Õhtusöök
Cucchiaio	Lusikas
Delizioso	Maitsev
Forchetta	Kahvel
Frutta	Puuviljad
Ghiaccio	Jää
Insalata	Salat
Minestra	Supp
Pesce	Kala
Pranzo	Lõuna
Sale	Sool
Sedia	Tool
Spezie	Vürtsid
Torta	Kook
Uova	Munad
Verdure	Köögiviljad

Scacchi
Male

Avversario	Vastane
Bianco	Valge
Campione	Meister
Concorso	Võistlus
Diagonale	Diagonaal
Giocatore	Mängija
Gioco	Mäng
Intelligente	Tark
Nero	Must
Passivo	Passiivne
Punti	Punktid
Re	Kuningas
Regina	Kuninganna
Regole	Reeglid
Sacrificio	Ohver
Sfide	Väljakutsed
Strategia	Strateegia
Tempo	Aeg
Torneo	Turniir

Scienza
Teadus

Atomo	Aatom
Chimico	Keemiline
Clima	Kliima
Dati	Andmed
Esperimento	Katse
Evoluzione	Evolutsioon
Fatto	Fakt
Fisica	Füüsika
Fossile	Fossiil
Gravità	Raskus
Ipotesi	Hüpotees
Laboratorio	Labor
Metodo	Meetod
Minerali	Mineraalid
Molecole	Molekulid
Natura	Loodus
Organismo	Organism
Osservazione	Vaatlus
Particelle	Osakesed
Scienziato	Teadlane

Scuola #1
Kooli #1

Alfabeto	Tähestik
Amici	Sõbrad
Aula	Klassiruum
Biblioteca	Raamatukogu
Carta	Paber
Cartelle	Kaustad
Divertimento	Lõbu
Esami	Eksamid
Insegnante	Õpetaja
Libri	Raamatud
Marcatori	Markerid
Matematica	Matemaatika
Matita	Pliiats
Numeri	Numbrid
Penne	Pliiatsid
Pranzo	Lõuna
Quiz	Viktoriin
Risposte	Vastused
Scrivania	Laud
Sedia	Tool

Scuola #2
Kooli #2

Accademico	Akadeemiline
Autobus	Buss
Biblioteca	Raamatukogu
Calendario	Kalender
Carta	Paber
Computer	Arvuti
Dizionario	Sõnastik
Educazione	Haridus
Forbici	Käärid
Giochi	Mängud
Grammatica	Grammatika
Insegnante	Õpetaja
Letteratura	Kirjandus
Lettura	Lugemine
Libri	Raamatud
Matematica	Matemaatika
Matita	Pliiats
Scarpe	Kingad
Scienza	Teadus
Zaino	Seljakott

Spezie
Vürtsid

Aglio	Küüslauk
Amaro	Kibe
Anice	Aniisi
Cannella	Kaneel
Cardamomo	Kardemon
Cipolla	Sibul
Coriandolo	Koriandri
Cumino	Köömned
Curcuma	Kurkum
Curry	Karri
Dolce	Magus
Finocchio	Apteegitill
Liquirizia	Lagrits
Noce Moscata	Muskaatpähkel
Paprika	Paprika
Pepe	Pipar
Sale	Sool
Vaniglia	Vanill
Zafferano	Safran
Zenzero	Ingver

Spiaggia
Rand

Asciugamano	Rätik
Barca	Paat
Barca a Vela	Purjekas
Blu	Sinine
Costa	Rannik
Dock	Dokk
Granchio	Krabi
Isola	Saar
Laguna	Laguun
Mare	Meri
Nuotare	Ujuma
Oceano	Ookean
Ombrello	Vihmavari
Sabbia	Liiv
Sandali	Sandaalid
Scogliera	Kari
Sole	Päike
Vacanza	Puhkus

Sport
Sport

Allenatore	Treener
Arbitro	Kohtunik
Atleta	Sportlane
Baseball	Pesapall
Basket	Korvpall
Bicicletta	Jalgratas
Campionato	Võistlus
Ginnastica	Võimlemine
Giocatore	Mängija
Gioco	Mäng
Golf	Golf
Hockey	Jäähoki
Movimento	Liikumine
Nuotare	Ujuma
Palestra	Gümnaasium
Squadra	Meeskond
Stadio	Staadion
Tennis	Tennis
Vincitore	Võitja

Strumenti Musicali
Muusikariistad

Armonica	Suupill
Arpa	Harf
Banjo	Banjo
Chitarra	Kitarr
Clarinetto	Klarnet
Fagotto	Fagott
Flauto	Flööt
Gong	Gong
Mandolino	Mandoliin
Marimba	Marimba
Oboe	Oboe
Percussione	Löökpillid
Pianoforte	Klaver
Sassofono	Saksofon
Tamburello	Tamburiin
Tamburo	Trumm
Tromba	Trompet
Trombone	Tromboon
Violino	Viiul
Violoncello	Tšello

Strumenti di Cottura
Toiduvalmistamise Töörii

Bollitore	Veekeetja
Colino	Kurn
Coltello	Nuga
Coperchio	Kaas
Cucchiaio	Lusikas
Forbici	Käärid
Forchetta	Kahvel
Forno	Ahi
Frigorifero	Külmik
Frullatore	Segisti
Grattugia	Riiv
Posate	Söögiriistad
Spatola	Spaatliga
Spremiagrumi	Mahlapress
Stufa	Pliit
Termometro	Termomeeter
Tostapane	Röster

Surf
Surfamine

Atleta	Sportlane
Campione	Meister
Divertimento	Lõbu
Estremo	Äärmuslik
Folla	Rahvad
Forza	Tugevus
Meteo	Ilm
Nuotare	Ujuma
Oceano	Ookean
Onda	Laine
Pagaia	Mõla
Popolare	Populaarne
Principiante	Algaja
Schiuma	Vaht
Scogliera	Kari
Spiaggia	Rand
Stile	Stiil
Stomaco	Kõht
Velocità	Kiirus

Tecnologia
Tehnoloogia

Blog	Blogi
Browser	Veebibrauser
Computer	Arvuti
Cursore	Kursori
Dati	Andmed
Digitale	Digitaalne
File	Fail
Font	Font
Internet	Internet
Messaggio	Sõnum
Ricerca	Uurimistöö
Schermo	Ekraan
Sicurezza	Turvalisus
Software	Tarkvara
Statistiche	Statistika
Telecamera	Kaamera
Virtuale	Virtuaalne
Virus	Viirus

Tempo
Aeg

Anno	Aasta
Annuale	Aastane
Calendario	Kalender
Decennio	Kümnend
Dopo	Pärast
Futuro	Tulevik
Giorno	Päev
Ieri	Eile
Mattina	Hommik
Mese	Kuu
Mezzogiorno	Keskpäev
Minuto	Minut
Notte	Öö
Oggi	Täna
Ora	Tund
Orologio	Kell
Presto	Varsti
Prima	Enne
Secolo	Sajand
Settimana	Nädal

Tipi di Capelli
Juuste Tüübid

Argento	Hõbe
Asciutto	Kuiv
Bianco	Valge
Biondo	Blond
Breve	Lühike
Calvo	Kiilas
Colorato	Värvitud
Grigio	Hall
Intrecciato	Põimitud
Liscio	Sile
Lungo	Pikk
Marrone	Pruun
Morbido	Pehme
Nero	Must
Riccio	Lokkis
Riccioli	Lokid
Sano	Tervislik
Sottile	Õhuke
Spessore	Paks
Trecce	Paelad

Uccelli
Linnud

Airone	Haigur
Anatra	Part
Aquila	Kotkas
Cicogna	Toonekurg
Cigno	Luik
Cuculo	Kägu
Falco	Kull
Fenicottero	Flamingo
Gabbiano	Kajakas
Oca	Hani
Pappagallo	Papagoi
Passero	Varblane
Pavone	Paabulind
Pellicano	Pelikani
Piccione	Tuvi
Pinguino	Pingviin
Pollo	Kana
Struzzo	Jaanalind
Tucano	Tuukan
Uovo	Muna

Vacanza #1
Puhkus #1

Aereo	Lennuk
Auto	Auto
Biglietto	Pilet
Dogana	Toll
Itinerario	Teekond
Lago	Järv
Museo	Muuseum
Nuotare	Ujuma
Ombrello	Vihmavari
Partenza	Lahkumine
Rilassamento	Lõõgastus
Spedizione	Ekspeditsioon
Tram	Tramm
Turismo	Turist
Valigia	Kohver
Valuta	Valuuta
Zaino	Seljakott

Vacanze #2
Puhkus #2

Aeroporto	Lennujaam
Campeggio	Telkimine
Destinazione	Sihtkoht
Foto	Fotod
Hotel	Hotell
Isola	Saar
Mappa	Kaart
Mare	Meri
Passaporto	Pass
Ristorante	Restoran
Spiaggia	Rand
Straniero	Välismaalane
Taxi	Takso
Tempo Libero	Vaba
Tenda	Telk
Trasporto	Transport
Treno	Rong
Vacanza	Puhkus
Viaggio	Reisi
Visto	Viisa

Veicoli
Sõidukid

Aereo	Lennuk
Ambulanza	Kiirabi
Auto	Auto
Autobus	Buss
Barca	Paat
Bicicletta	Jalgratas
Camion	Veoauto
Elicottero	Helikopter
Furgone	Van
Metropolitana	Metroo
Motore	Mootor
Pneumatici	Rehvid
Razzo	Rakett
Scooter	Roller
Sottomarino	Allveelaev
Taxi	Takso
Traghetto	Praam
Trattore	Traktor
Treno	Rong
Zattera	Parv

Verdure
Köögiviljad

Aglio	Küüslauk
Broccolo	Brokkoli
Carciofo	Artišokk
Carota	Porgand
Cetriolo	Kurk
Cipolla	Sibul
Fungo	Seen
Insalata	Salat
Melanzana	Baklažaan
Patata	Kartul
Pisello	Hernes
Pomodoro	Tomat
Prezzemolo	Petersell
Rapa	Naeris
Ravanello	Redis
Scalogno	Šalott
Sedano	Seller
Spinaci	Spinat
Zenzero	Ingver
Zucca	Kõrvits

Vestiti
Riided

Abito	Kleit
Braccialetto	Käevõru
Camicetta	Pluus
Camicia	Särk
Cappello	Müts
Cappotto	Mantel
Cintura	Vöö
Collana	Kaelakee
Giacca	Jope
Gonna	Seelik
Grembiule	Põll
Guanti	Kindad
Jeans	Teksad
Maglione	Kampsun
Moda	Mood
Pantaloni	Püksid
Pigiama	Pidžaama
Sandali	Sandaalid
Scarpa	Kinga
Sciarpa	Sall

Virtù #1
Voorused #1

Affascinante	Võluv
Affidabile	Usaldusväärne
Appassionato	Kirglik
Artistico	Kunstiline
Buono	Hea
Curioso	Uudishimulik
Decisivo	Otsustav
Divertente	Naljakas
Efficiente	Tõhus
Generoso	Helde
Indipendente	Iseseisev
Intelligente	Intelligentne
Modesto	Tagasihoidlik
Paziente	Patsient
Pratico	Praktiline
Pulito	Puhas
Saggio	Tark
Utile	Abivalmis

Congratulazioni

Ce l'hai fatta!

Speriamo che questo libro vi sia piaciuto tanto quanto a noi è piaciuto concepirlo. Ci sforziamo di creare libri della più alta qualità possibile.
Questa edizione è progettata per fornire un apprendimento intelligente, di qualità e divertente!

Le è piaciuto questo libro?

Una Semplice Richiesta

Questi libri esistono grazie alle recensioni che pubblicate.

Puoi aiutarci lasciando una recensione
ora a questo link ?

BestBooksActivity.com/Recensioni50

SFIDA FINALE!

Sfida n°1

Sei pronto per il tuo gioco gratuito? Li usiamo sempre, ma non sono così facili da trovare - ecco i **Sinonimi!**

Scrivi 5 parole che hai trovato nei puzzle (n° 21, n° 36, n° 76) e prova a trovare 2 sinonimi per ogni parola.

*Scrivi 5 parole del **Puzzle 21***

Parole	Sinonimo 1	Sinonimo 2

*Scrivi 5 parole del **Puzzle 36***

Parole	Sinonimo 1	Sinonimo 2

*Scrivi 5 parole del **Puzzle 76***

Parole	Sinonimo 1	Sinonimo 2

Sfida n°2

Ora che ti sei riscaldato, scrivi 5 parole che hai trovato nei puzzle n° 9, n° 17 e n° 25 e cerca di trovare 2 contrari per ogni parola. Quanti ne puoi trovare in 20 minuti?

Scrivi 5 parole del **Puzzle 9**

Parole	Antonimo 1	Antonimo 2

Scrivi 5 parole del **Puzzle 17**

Parole	Antonimo 1	Antonimo 2

Scrivi 5 parole del **Puzzle 25**

Parole	Antonimo 1	Antonimo 2

Sfida n°3

Grande! Questa sfida non è niente per te!

Pronto per la sfida finale? Scegli 10 parole che hai scoperto nei diversi puzzle e scrivile qui sotto.

1.	6.
2.	7.
3.	8.
4.	9.
5.	10.

Ora scrivi un testo pensando a una persona, un animale o un luogo che ti piace.

Puoi usare l'ultima pagina di questo libro come bozza.

La tua composizione:

TACCUINO:

A PRESTO!

Tutta la Squadra

SCOPRIRE GIOCHI GRATIS

GO

↓

BESTACTIVITYBOOKS.COM/FREEGAMES

www.ingramcontent.com/pod-product-compliance
Lightning Source LLC
Chambersburg PA
CBHW082052120626
46553CB00011B/3376